Hugo Kükelhaus
Rudolf zur Lippe

Entfaltung der Sinne

Ein Erfahrungsfeld
zur Bewegung und Besinnung

Die Autoren:

Hugo Kükelhaus (geb. 24.3.1900 in Essen / gest. 5.10.1984) war bekannt durch seine Beratungs- und Vortragstätigkeit auf den Gebieten der Bildenden Kunst, der Natur- und Geisteswissenschaften. Nach dem Abitur Lehre als Bau- und Möbelschreiner, anschließend Meisterdiplom. Werkstudent an den Universitäten Heidelberg, Münster i.W. und Königsberg; Studium der Mathematik, Physiologie und Soziologie. Schriftstellerische und künstlerische Tätigkeiten.

Publikationen: Organismus und Technik, Frankfurt 1979; Unmenschliche Architektur, Köln 1978; Fassen Fühlen, Bilden, Köln 1978 (aktuelle Publikationen siehe Anhang).

Rudolf zur Lippe (geb. 8.1.1937 in Berlin) ist Ökonom (dipl. rer. pol.), Historiker (Dr. phil.) und Philosoph (venia legendi für Sozialphilosophie und Ästhetik). Er ist tätig gewesen als freier Künstler (Malerei) und im Theater sowie als Übersetzer und Lektor (Propyläen Verlag) und hat 1969 einen Film über Béjarts „Ballet du XXe siècle" gedreht. Er lehrt seit 1972 Philosophie mit Schwerpunkten in der Ökonomie, der Kunst, der Gesellschaft und der Pädagogik an den Universitäten Frankfurt/M. (bis 1976), Oldenburg (emer. 2002) und Witten/ Herdecke (Philosophie der Lebensformen). Er war 1982 Fellow am Wissenschaftskolleg in Berlin; er gründete das Institut für praktische Anthropologie e.V. und die Zeitschrift POIESIS (für praktisch-theoretische Wege ästhetischer Selbsterziehung); er entwarf ein Ensemble von Ausstellungen zu dem „Körper als erstes Werkzeug der Kulturen" (Berliner Festspiele 1983) und ging mit seiner Ausstellung „Geometrisierung des Menschen und der Welt" in viele Länder (Torun, Paris, Bielefeld, Bombay, 2008 Sarajevo).

Er initiierte 1990 die „Karl Jaspers Vorlesungen zu Fragen der Zeit" und leitete das Programm mit herausragenden Gästen aus vier Kontinenten, für das seine private Stiftung *„Forum der Kulturen zu Fragen der Zeit"* eine Fortwirkung ermöglichen soll. Mit seiner *„Naturbeherrschung am Menschen"* (2 Bde. Frankfurt/M. 1974 bzw. 1985) hat er gesellschaftstheoretisch, sozialpsychologisch, ästhetisch die Bedingungen der Leiblichkeit und der Sinneswahrnehmung in der europäischen Moderne analysiert; in seinem *„Sinnenbewußtsein"* (2 Bde., 1987 bzw. Hohengehren 2000) hat er die naturwissenschaftlichen, psychologischen und sozialgeschichtlichen Grundlagen einer *„anthropologischen Ästhetik"* und deren Umsetzung in Alltag, Kunst und Transzendenz herausgearbeitet. Zur Zeit schreibt er an einer *Philosophie der Bewegung und des Wandels.*

Hugo Kükelhaus
Rudolf zur Lippe

Entfaltung der Sinne

Ein Erfahrungsfeld
zur Bewegung
und Besinnung

Herausgegeben vom
Verlag Schloß Freudenberg
Wiesbaden, September 2008
ISBN 978-3-00-024810-8

Alle Zeichnungen und ebenso der Text
»Bau von Stätten der Wahrnehmung: Eine Utopie?«: Hugo Kükelhaus
Alle anderen Texte und die Fotografien im Freigelände: Rudolf zur Lippe
Fotografien von »Menschen im Umgang mit Stationen des Erfahrungsfeldes«: Herbert Maier
Reproduktion, Satz und Layout: Richard Clemens
Umschlaggestaltung: 99°, Wiesbaden

(Diese Ausgabe enthält eine Neubearbeitung des Layouts und Ergänzungen der Illustrationen anhand von Originalzeichnungen und einigen Fotos der Manuskriptunterlagen von 1982.)

Inhalt

„Ich mag die lieber, die Bücher lesen, als die, die sie schreiben.
Sie fügen nämlich noch etwas hinzu."
Marie de France

Dieses Buch hat uns seit 1982 begleitet. Und mit dem ersten Aufschlagen zog es uns in seinen Bann. Die Zeichnungen zur Bewegungsbahn der Gelenke und besonders des Kniegelenks haben uns – Beatrice als Bewegungstherapeutin und Matthias als Schauspieler – so tief angerührt, dass sie uns bis heute täglich begleiten. „Gelenke fixieren sich nicht auf Ziele." *H.K.*
Welche Folgen das für uns haben sollte, konnten wir nicht erahnen.
Das Buch mit einem Entwurf für ein ständiges Erfahrungsfeld in einem Schloßpark im Ruhrgebiet wurde für uns fast 20 Jahre später zur Grundlage für die Gründung des Erfahrungsfeldes zur Entfaltung der Sinne und des Denkens im Schloßpark Freudenberg in Wiesbaden.
„Benötigt wird ein neues Delphi. Benötigt wird das Selberbauen eines Delphi. Wobei die Erfahrung wirksam wird, daß das Bauen der Bau ist. Freiwillige, die willens sind, sich zu bauen, indem sie bauen, sind aufzurufen!" *H.K.*
Damit haben wir angefangen.

So führt das wieder aufgelegte Buch an den Ursprung. Das Freudenberger Erfahrungsfeld ist wie der Stein, den wir ins Wasser werfen, der Wellen, Wirbel und Unruhe hervorbringt und seine Kreise zieht.

Beatrice Dastis Schenk und *Matthias Schenk*
Schloß Freudenberg
September 2008

Die Schule der Sinne

Die Freudenberger Freunde wollen eine neue Ausgabe des Buches von 1982. Das hat seinen guten Sinn, weil Hugo Kükelhaus und ich darin eine Gesamtschau seines Lebenswerkes in praktischer Absicht zusammengefasst haben. Er hat noch einmal seine Stationen eines Weges der Sinne so gezeichnet, dass sie von der Wirkung in uns ausgehen, zugleich aber bezogen sind auf die Orte, an denen wir ihnen begegnen mit deren landschaftlichen und historischen Bestimmtheiten. Das bleibt gültig, auch wenn wir sie inzwischen an einer Vielzahl ganz verschiedener Orte finden. Ich habe auf sein Drängen die Beschreibungen verfasst; er mochte es nicht noch einmal selber tun. Als ich ihm die Texte zeigte, sagte er nur „Anders sollte es nicht sein." Also bleibt auch dieser Teil vertretbar.

Dennoch markiert diese Neuauflage einen Rückblick auf den Ausgangspunkt einer Entwicklung, in der sich alle Seiten des Entwurfs verändert haben. In erster Linie hat dies das Buch selber bewirkt. 40.000 Exemplare wurden in wenigen Jahren verkauft und in diesem besonderen Fall zweifellos nicht nur auch wirklich gelesen, sondern ausgeliehen, kopiert und weitergereicht.

Die Exemplare sind nicht nur gelesen, ausgeliehen und kopiert worden; sie haben auch Anregungen und Vorlagen für ungezählte Versuche zum Eigenbau geliefert. Einzelne Stationen oder kleine Gruppen sind entstanden zum Balancieren, zum Summen, für Holz- und Steinklänge, als Kräutergarten oder kleine Op-Art-Galerien. Sie sind in Krankenhausgärten und auf Schulhöfen entstanden, in Stadtparks und Naturwissensmuseen. Professionelle Unternehmen bauen sie nach Kükelhaus, und individuelle Initiativen eifern ihm auf ganz unterschiedliche Weisen nach. Und es gibt einen Ort, an dem möglichst viele der Erfahrungsvorschläge und viele Interessierte versammelt werden: In dem kleinen Schloß Freudenberg am Rande von Wiesbaden und seinem Garten, bis in angrenzende Felder hinein. Dies ist auch in dem Sinne ein Ort geworden, an dem nicht nur Stationen zugänglich sind, sondern eine immer neue Fülle von Anregungen im Umgang mit ihnen, sowie Einblicke in die menschlichen Wissens- und Wirkungszusammenhänge, Ausblicke in geschichtliche und gesellschaftliche Perspektiven das punktuelle Erleben vertiefen. So wird eben erst ein Feld der Erfahrungen daraus.

Dies alles kann man eine Erfolgsgeschichte nennen, und zwar gerade um so zutreffender, als Ursache und Wirkungen, Ausgangspunkt und Fortsetzungen meist keineswegs offensichtlich sind. Wie wirkliche Wirkungen im Leben kann sich niemand ein alleiniges Urheberrecht auf den Widerhall und seine Umsetzungen zusprechen. Die Vorbilder waren notwendig, aber selten hinreichend. Sie sind so aktiv aufgenommen worden, wie alle Wahrnehmung in Wahrheit zugleich entscheidende Selbsttätigkeit ist. Dies festzustellen, bedeutet auch, dass unsere Veröffentlichung sich praktisch und gedanklich mit Fragen beschäftigt hat, die von vielen Seiten als drängend empfunden zu werden begannen. Im Entzug an Tätigkeiten und Situationen, in denen unsere Sinnesorgane angeregt, gefordert und ausgebildet werden, durch die technisierte und verwaltete Welt reagieren die einen auf die Beschleunigung wie auf einen unwiderstehlichen Sog, andere mit resignativer Gleichgültigkeit. In ganz verschiedenem Grade folgen viele aber auch einem Bedürfnis nach ausgleichender Betätigung. Während unsere Sache den einen kindisch vorkommt und in den anderen die Angst uneingestandener Versäumnisse weckt, sind es die Dritten, die dem Vorhaben seine Stärke bestätigen und seine Kraft geben.

Die so wahrgenommenen Bedürfnisse und Entdeckungsmöglichkeiten werden seit ein bis zwei Jahrzehnten parallel auch in neuen Konsumbranchen verwertet. Das ist unter den herrschenden Strategien der Betriebswirtschaft eigentlich selbstverständlich. Zu Beginn der 1980er Jahre dachten wir trotzdem kaum an diese neue Gefahr. Damals erschienen Selbsttätigkeit der Menschen, Individualität sinnenhafter Beziehungen zur Welt und zu uns selbst, als absolute Gegensätze zu den fortschreitenden Formen von Vergesellschaftung in ihren monolithischen Strategien zu Standardisierung und rein quantitativer Steigerung von sogenannter Lebensqualität. Die „Trimm-Dich"-Welle und die „Spiel-Treffs" der deutschen Sportverbände hatten einen vergleichsweise harmlos-motivierenden Ausgleichscharakter, obwohl auch sie von dem Bewusstsein ablenkten, um das es geht. Die kommerziellen Deformationen durch die „Wellness"-Industrie sind nun etwas ganz anderes. Auch sie versuchen sich mit „Meditation" und „Spiritualität" zu verbünden, weil die Defizite unserer Zivilisation auch in dieser Richtung offensichtlich genug geworden sind. Aber für diejenigen, die auf die Namen der Angebote angewiesen sind und hoffen müssen, dass drin ist, bzw. herauskommt, was drauf steht, wird ein Bewusstsein oder auch nur die Suche danach immer schwieriger.

Vielleicht hilft die Rückbesinnung auf die Ausgangssituation des „Cappenberg-Projekts" mit Kükelhaus an Hand dieser insofern schon geschichtlichen Wieder-Auflage dazu, etwas von der damals noch denkbaren Unschuld des Unternehmens zurückzugewinnen. Ganz so unschuldig durften wir uns freilich auch damals schon nicht geben. Zwar sagte Kükelhaus zu mir, „anders sollte es nicht sein", wie ich beschrieben hatte. Aber auch 1982 hatte ich meine weitergehenden Wünsche und Bedenken. Für deren schrittweise Umsetzung aus den

Erprobungen des Projekts stand in meiner Vorstellung der gewählte Ort. An ihn die Gestalt der Stationen anzupassen, aus den Erfordernissen und den Anregungen einer besonderen Landschaft sie umzugestalten, war die wichtigste Aufgabe dieser exemplarischen Verwirklichung. In der Aufmerksamkeit unserer wechselnden Besucher sollten sich die Vorstellungen verändern. Dafür und für Erfahrungen in der Vorbereitung und Begleitung der Besucher sollte sich ein Stamm von Betreuern weiterbilden. In der Auswertung solcher Beobachtungen sollten die Anlage, die Abfolge und die Verbindung des Erlebens mit den Strukturen der übrigen Lebens- und Arbeitswelt immer geeigneter für ein wirklichkeitsmächtiges Bewusstsein werden. Genau an der mangelnden Einsicht in diese Notwendigkeit und der Bereitschaft, den Etat für ein solches Programm zu schaffen, z.B. von Seiten der Landesregierung oder regionalen Körperschaften, ist die Realisierung vor allem gescheitert. Dass die Gestalt des Ganzen und seiner Abteilungen erst auf den Weg der Reifung zu bringen war, stand uns wohl deutlich vor Augen. Einzelne Züge und Kriterien haben sich inzwischen immer bestimmter herausgestellt.

Dass die Phänomene nicht, wie Kükelhaus glaubte, von sich aus die Anregung des geeigneten Umgangs und die Überzeugungskraft ausstrahlen, die eine Anleitung überflüssig machen, ist schon damals klargeworden. Ästhetische Selbsterziehung ist sicher im Grunde der Weg. Unsere in den 80er Jahren gegründete Zeitschrift „POIESIS" hat dieses Motto in ihrem Untertitel deutlich gemacht und auf vielfältige Weise bestärkt. Aber gerade solch selbstbestimmte Wege bedürfen überzeugender Einladung und klarer Begleitung. Viele Ausstellungen haben ihre Besucher in interessierter Ratlosigkeit belassen. Das Freudenberger Konzept zeigt die Notwendigkeit und den Erfolg von praktischen Anleitungen und Überlegungen, die das einmalige Erleben mit dem übrigen Leben so verbinden, dass Kontrast und Ergänzung zu neuen Einstellungen verarbeitet werden können. Vergleichbares ist aber da besonders erforderlich, wo nur wenige Stationen entstanden und diese nur sporadisch geöffnet sind. Dafür lassen sich sicher nicht immer Stellen, auch nur Teilzeitstellen schaffen. Umso wichtiger ist es, nach Menschen Ausschau zu halten, die Freude daran haben, sich in die Sache einführen zu lassen und zu bestimmten Zeiten eben nicht die Aufsicht zu übernehmen wie schlechte Museumswärter, sondern mit unvorbereiteten Menschen die Erfahrungen immer neu zu machen und zu betrachten. Man kann eben keinen Garten ohne gärtnerische Pflege anlegen; umso besser, wenn sich die Pflege vor allem im übenden Gespräch mit anderen Menschen abspielt. Ein inzwischen deutlich ins Bewusstsein tretender Bereich, die gärtnerischen Therapieformen, gibt dazu sehr schöne Beobachtungen und Vorbilder. Theoretisch wird uns immer entschiedener bewusst, dass es in der Wahrnehmung, in der Bildung, in der Therapie im Grunde um Resonanz geht. Bereit zu werden, der Resonanzen in der Welt mit uns wie in uns selbst gewahr zu werden und sie zu stärken, ist wohl die immer wiederkehrende Aufgabe, – gerade auch da, wo sie fehlen, verstummt, entmutigt sind.

Genau deshalb ist es so wichtig, wie die „Stationen" gestaltet werden. Auf Material und Bauart hatte Kükelhaus immer schon die grösste Sorgfalt gewandt. In dem Band von 1982 haben seine Zeichnungen sehr viel mehr als zuvor die Wirkweisen und die Einbettung in die jeweilige Landschaft betont. Dennoch ist ihre technische Seite nicht immer eingeschmolzen in die Erfahrungen des Übergangs der Sinne in die Öffnungen zu einem umfassenden Sinn befreiter Lebenssituationen. Dafür sind eine gute Wahl des Materials und handwerkliche Sicherheit zweifellos die besten Bedingungen. Aber das reicht im Grunde nicht aus. In der handwerklichen wie zugleich in der spirituellen Welt, um diesen geläufig gewordenen Ausdruck statt umständlicher Erklärungen zu benutzen, zu Hause sind eben in einem Zeitalter der Trennungen am ehesten Künstlerinnen und Künstler. Um das Machbare einer Station in den Ort der je einmaligen Erfahrung zu verwandeln, wird es in der Regel ihrer bedürfen. Dabei kann man auch ihnen nicht irgendein Phänomen in eine materielle Anlage zu bringen aufgeben. Die Phänomene des Lichts, der Balance, des Gehörs oder des Geruchs müssen ihnen schon aus ihrer Lebens- und Werkgeschichte auf besondere Weise nahe gekommen sein. Sonst degradiert der Auftrag sie zur Routine von Design. Für mehr oder weniger gelungene Versuche gibt es genug Beispiele. Einer der Pläne von 1982 war, auf Rat des Begründers des Max-Planck-Instituts für Bildungsforschung, dass Ottl Aicher allen Stationen sozusagen den optischen Elan seines Lufthansa-Kranichs verleihen sollte. Dies gehört zu den vermiedenen Fehlern in der Geschichte des Erfahrungsfeldes. Umso verdienstvoller wird es sein, die überzeugenden Beispiele von verschiedenen Parks, Heilstätten, Schulen und ähnlichen Orten in einem grossen Bildband mit vielseitigen Erfahrungsberichten von heute zusammenzustellen. Für einen Plan dazu bin ich Matthias Schenk jetzt schon dankbar. In dem Spannungsfeld zu unterschiedlichen Gegenwartssituationen bekommt auch die quasi historische Neuauflage dieser Veröffentlichung ein weiteres greifbares Interesse.

Das dritte Erfordernis ist mittelbar schon erwähnt – Auswertung. Das heisst zunächst, Zugangsmöglichkeiten und Schwierigkeiten der Besuchergruppen und der Besuchergenerationen aufmerksam zu beobachten. Seit der Mitte des 20. Jahrhunderts haben sich bestimmte Grundhaltungen verschoben. War damals noch jede Berührung mit dem Boden, draussen wie drinnen, bestenfalls ungewohnt, spielen sich längst viele Gelegenheiten auf dem Rasen oder auf dem Teppich ab. Der Selbstverständlichkeit entspricht allerdings immer noch selten eine Übung darin, gut und aufmerksam am Boden sitzen zu können – egal, ob man das einen Schneidersitz, einen Lotos oder sonst wie nennt. Gleichzeitig ist die damals typische Dauerkrampfhaltung, die hochgezogenen Schultern, einem anderen Problem gewichen. Sprach die einstige „Kleiderbügelhaltung" davon, dass sich junge wie ältere Menschen ganz im Stil der „militärischen Haltung" in einer Art permanentem „Habt Acht" fixierten und sich der Erde unter ihren Füssen nicht recht anvertrauen mochten, so sprechen die ebenso permanent vorgekrümmten Schultern heute eher von einem unbewusst habitualisierten Schutzbedürfnis. So oder so gerät das Sitzen am Boden in ein auf die Dauer ziemlich mühsames Sielen und Fletzen, aus dem wenig Aufmerksamkeit für Menschen und Vorgänge einem Gegenüber frei wird. Aufrichtung und Aufmerksamkeit haben schon etwas mit einander zu tun, wenn nur die Aufrichtung von unten getragen wird, statt von oben fixiert zu werden. Solche Vorbedingungen haben selbstverständlich starke Bedeutung für die Bereitschaft, sich dieser oder jener Balanceübung anzuvertrauen.

Dies ist nur ein Beispiel für eine Langzeitbeobachtung. Die ausserordentliche Schnelligkeit optischer Lokalisierung und taktischer Reaktionen, die durch Computerspiele generationenweise zu Höchstleistungen provoziert sind, bilden ein anderes Beispiel. Überhaupt leben die jungen Leute inzwischen in einer unwahrscheinlichen Spannung zwischen virtuellen und realen Welten, die weit über die traditionelle zwischen Vorstellung und Wirklichkeit hinausgeht.

Alle diese Entwicklungen setzen andere Vorbedingungen für die Begegnungen mit den Phänomenen. Heutige Schülerinnen und Schüler sind, wo sie am wachesten sind, mechanischen Kalkülen viel souveräner gewachsen und deren theoretischem Rahmen gegenüber viel selbstverständlicher kritisch. So lassen sich zwei Preisträger von „Jugend forscht" zu sehr exakten Messungen anregen durch „die poetische Beobachtung" der Bewegungen beim Sinken von Plättchen in Wasser. Sie nehmen die „Randbedingungen" einmal ernst und können zeigen, dass die Regelannahme linearer Bewegungen an den Qualitäten der Natur vorbeigeht.

Am entschiedensten kommt unserer Sache wohl ein immer klareres Bewusstsein für die Zerstörungen der Gleichgewichtsprozesse der Erde entgegen. Eindeutig ist eine neue Erweiterung und Vertiefung unserer Wahrnehmung die sowohl erkenntnistheoretische wie lebenspraktische Grundbedingung dafür, dass wir bereit werden, Wirklichkeit in aller Vielfalt und Komplexität als Naturwahrheit anzuerkennen, wie Alexander von Humboldt sagt, und uns dafür handlungsfähig zu machen. Ein Slogan der Ökologiebewegung sagte „heal the earth". Zu dieser Erde gehören wir selber, und unser Tun wird ihr am besten helfen, wenn wir uns selber heilen. Dazu ist die Schule der Sinne der richtige Weg –

nicht spirituell ambitioniert, aber ein Weg der Übungen in Resonanz und Beziehungen. Heil heisst nie, für sich allein funktionstüchtig zu werden, sondern diese Funktionen unserer eigenen Organe zu einem Organ der Teilhabe werden zu lassen an der Welt der Menschen und der Natur. Unsere eigene körperliche Natur zu verwandeln in die Lebensgeschichten, durch die wir an der Geschichte von Menschheit und Kosmos der Erde möglichst verständnisvoll und förderlich mitwirken. Es geht hier um das wenige, das am eigenen Leibe so möglich wie nötig ist – im Bewusstsein des Horizonts unserer Weltprobleme. Nicht zuletzt werden wir im Zeitalter der grossen, oft verzweifelten Migrationen zwischen den Ländern und Kontinenten, aber auch schon zwischen Land und Stadt in den sinnenhaften Übungen neu Resonanzen aufnehmen und beantworten lernen. Darin wird sich ein bewusstes und vital freudiges In-der-Welt-sein spüren und begründen lassen, das die Vorstellungen und Erfahrungen von Heimat und Zuhause, deren historische Kontinuität immer mehr gestört und aufgelöst wird, in neue Lebensgefühle verwandelt. So wie schon das flüchtigste Ereignis einer Resonanz – in einem Blick der Begegnung, im Mitschwingen mit einem Rhythmus, im Aufleuchten einer Farbe in uns, in der Anregung eines belebenden Geruchs – einen sinnlosen Platz zu einem Ort machen kann. Und sei es nur für diesen Augenblick, der uns auf andere Augenblicke vorbereitet. Es geht um Bereitschaft, in Bewegung zu geraten.

Vorbemerkung

(zur 1. Auflage im August 1982)

Die vorgelegte Veröffentlichung ist als Beschreibung und Begründung eines Projektes mit dem Erfahrungsfeld von Hugo Kükelhaus gedacht. Als »Versuchsfeld zur Organerfahrung« wurden viele, seit Jahrzehnten aus alten Kulturen zusammengetragene oder neu entwickelte Stationen vor etwa zehn Jahren zum ersten Mal der Öffentlichkeit zugänglich gemacht. Die »Stationen« entsprechen auf besondere Weise den Entfaltungsmöglichkeiten und auch den Betätigungswünschen unserer Sinne – *Fühlen, Riechen, Schmecken, Hören* und *Sehen* gehören zusammen mit Sinnen wie dem des *Gleichgewichts*. In der Kulturgeschichte der Menschheit haben sie vielfältige Ausprägungen angenommen und unterschiedliche Bedeutungen für die gesamte Lebensgestaltung gewonnen. Diese Zusammenhänge sollen für die Menschen der Gegenwart in den Industrieländern greifbar, die Tätigkeit der Sinne als Teil unseres menschlichen Daseins lebendig, ihre Wirkungen in den Beziehungen zu uns selbst, zur menschlichen und dinglichen Mitwelt bewußt gemacht werden.

Die vorangehenden Texte entstanden in unterschiedlichen Zusammenhängen. Sie sind systematisch aufeinander bezogen, aber nicht im einzelnen nach einer Gliederung geschrieben, so daß sich bestimmte Überschneidungen ergeben. Der allgemeinen Erläuterung der Projektabsicht folgt im Text *»Wiederbegegnung der Industriegesellschaft mit dem Körper«* ein umfassender Begründungszusammenhang in der gegenwärtigen Debatte, auch der verschiedenen Wissenschaftsdisziplinen; besonderer Wert wird auf praktische Konsequenzen und Modelle gelegt. In den folgenden Texten wird das Versuchsfeld beschrieben: einmal von Hugo Kükelhaus selbst, dann als Begründung einer Form angewandter Anthropologie und schließlich in einer umfassenden Beschreibung der Stationen durch Texte und Zeichnungen. In »Forschungsansätze und -fragen« wird versucht, das Projekt in wissenschaftliche Untersuchungszusammenhänge vorläufig einzuordnen. Abschließend werden Stand und Perspektiven der Arbeit dargestellt.

Für das »Institut für praktische Anthropologie«

Prof. Dr. Annelie Keil

Absicht und Interesse

Wir zeigen in dieser Veröffentlichung eines Projektes praktische Wege zu einem tätigen Lebensbewußtsein, freudige und freie Zugänge zur Entfaltung von Vermögen, derer wir jeder für uns selbst, derer wir im Miteinander mit anderen und für ein vernünftiges Verhalten zu unserer naturhaften Mitwelt bedürfen. Besonders unsere Geschichte der gesellschaftlichen Organisation des Lebens, die sich exemplarisch in der hochintensiven und extensiven Industrialisierung zu erkennen gibt, hat solche Zugänge weitgehend blockiert, in unserer Lebenswelt wie in uns selbst, in unserer materialen wie psychischen Wirklichkeit, im einzelnen wie systematisch. Aus diesem praktischen Grunde ist es um so wichtiger, den Horizont der zu fördernden Interessen und der zu verfolgenden Absichten wie auch die zu überwindenden Hindernisse und Fehlentwicklungen klar ins Auge zu fassen. Dies gilt sowohl grundsätzlich wie für einzelne Menschen und Gruppen, denen wir Wege bereiten. Dies gilt zunächst für die Menschen unserer hochindustrialisierten Länder, gelingt aber nur im vergleichenden und sympathisierenden Hinblick auf die Bedürfnisse der Völker, die mehr traditionelle Zugänge zu Wissen davon haben, wie das Leben lebt, und zugleich weltwirtschaftlich unter großer Not sich zur Industrialisierung drängen lassen.

Neues Wissen vom Menschen aus naturwissenschaftlicher Sicht ermöglicht auch uns wieder, jene Grundfrage der Menschheit positiv zu stellen, die in der Kritik oder Skepsis der Gesellschaftswissenschaften sich abzeichnet: *Wie lebt das Leben?** Die Erforschung grundlegender Naturvorgänge im Menschen ist vielseitig. Ihren Ergebnissen in der gesellschaftlich-geschichtlichen Wirklichkeit weiter nachzugehen, die doch Naturvorgänge in den Menschen außerordentlich komplex versetzt, überformt, verformt, herausfordert und unterdrückt, ist ein noch vielseitigeres Feld von Aufgaben. Beide Ebenen übergreifende Arbeit wird neu möglich, wo die geschichtliche und lebensgeschichtliche Existenz der Menschen auch vom Leiblichen her greifbar und begreifbar wird: z.B. in der Streßforschung von *Selye* oder *F. Vester,* in human-ethologischen Studien von G. *Bateson,* in der Psychosomatik von *V.v. Weizsäcker,* in der Embryologie von

* So formuliert und zur Ausgangsfrage für die verschiedenen Dimensionen des individuellen und gesellschaftlichen Lebens der Menschen gemacht wird diese Frage entwickelt in R. z. Lippe, Am eigenen Leibe - Zur Ökonomie des Lebens, Frankfurt 1982

E. Blechschmidt, in der biodynamischen Morphologie von *N. Hartmann,* der Psychologie *W. Reichs* wie in anderen Disziplinen und bei anderen Forschern.

In diesen theoretischen Beschäftigungen mit dem Leben der Menschen zeigt sich aber nur sehr unbefriedigend, wessen die Praxis heute bedarf und ermangelt. Freilich findet die, wie auch immer beschränkte, wissenschaftliche Forschung bis jetzt noch eher Anerkennung als gelegentliche Absichtserklärungen etwa der hohen und niederen Politik. Zum Teil liegt das sicher auch daran, daß unser öffentliches Bewußtsein keineswegs genügend konkrete Vorstellungen davon entwickelt hat, um welches Interesse der Menschen es tatsächlich geht. 1946 hat die World Health Organization in ihrer Charta erklärt:

»Gesundheit ist der Zustand des völligen körperlichen, geistigen und sozialen Wohlbefindens und nicht nur das Freisein von Krankheiten und Gebrechen.«

Die Erklärung wurde nicht mit genügend konkreten Argumentationen und Forderungen erfüllt. Zu den bescheidenen Einsichten und Maßnahmen der nationalen und lokalen Politik, also bei der öffentlichen Berücksichtigung von *»Lebensqualität«* in Stadtplanung, Schulprogramm, Arbeitsplatzorganisation und Freizeitgestaltung, fehlen die verbindenden Zwischenstufen vom allgemeinen Satz zu einer ihm entsprechenden wirklichen Arbeit.

Hiermit sind Aufgaben bestimmt, die das Projekt in seinen begleitenden wissenschaftlichen Forschungen an einigen Stellen verfolgt. In erster Linie bringt es aber eine dritte Ebene der Wirklichkeit ins Spiel. Die Wissenschaft soll Interessen der Menschen begründen und formulieren. Diese werden den Absichten zugrunde gelegt, die Politik bestimmen und verfolgen soll. Eine Vielzahl von Erlebnissen und Erlebnisweisen in unser aller Leben nimmt aber die dort zu bestimmenden Absichten und Interessen vorweg. Im Alltag, mehr noch im Gegensatz zu ihm. Mehr oder weniger bewußt und ausgesprochen. Als Ansatz zu existentiellen Sicherheiten oder als mehr oder weniger genaues Bewußtsein davon, daß Bedürfnisse und Fähigkeiten verbogen, ausgenützt, zerstört werden. Den Ergebnissen der theoretischen Forschung an der Frage, wie das Leben lebt, läßt sich auch praktisch nachgehen. Auf den Wegen spielerisch vorbewußter und frei bewußter Erfahrungen, die im Wahrnehmen und Wirken der eigenen Sinne, Organe, Vermögen ausgebildet werden.

Die alltäglichen Anlässe zu solchen Erfahrungen werden immer spärlicher, die Fähigkeiten immer unterentwickelter, sie wahrzunehmen, wahrhaft aufzunehmen und zu eigenen Vermögen zu machen. Deshalb sollen hier Gegen-Erfahrungen bereitgehalten werden. *Ivan Illich* sagt zu unserem Vorhaben:

»Eine Gratwanderung: ich will Gast-Stätten schaffen, also raumzeitliche Ruhe-Städte, Einkehren im hochindustrialisierten Raum und Rhythmus, wo gegenseitige Über-Raschung stattfinden kann.«

Es hat nur Sinn, von einem »körperlichen, geistigen und sozialen Wohlbefinden« zu sprechen, wenn man sich auch unmittelbar in Schritten zu einem derartigen Gleichgewicht üben kann. Der Sinn der Übungen ist jedoch zugleich bedroht, wenn man, übend, nicht zu bestimmen vermag, wie umfassend das Interesse ist, in dem man übt. Die Absicht über die einzelne Erfahrung hinaus auf das Ganze muß die Verbindung zum Horizont halten.

So ist es doppelt wichtig, zu erkennen und zu wissen, welches die Mechanismen des »Lebensentzugs« von außen und der eigenen inneren Blockaden sind, wie sie wirken und woher sie kommen. Es ist doppelt entscheidend zu erfahren, wie sich in uns und um uns Überleben vollzieht: Lebensvorgänge, die sich schematischen Zwängen zum Trotz vollziehen, durchaus auch mit neuer Geschicklichkeit, sind vom bedrohlichen Kontext zu scheiden, und es sind Entscheidungen zu treffen für ihre Stärkung und Entfaltung über das Überleben in diesem Kontext hinaus.

Dazu gehört wissenschaftliches wie traditionelles Wissen als Argumentationshilfe gegenüber einer falschen und hilflosen Verwaltung des gesellschaftlichen Lebens und der Natur. Vielleicht bedarf man seiner schon, um in sich und um sich die Potentiale und die entfalteten Bewegungsformen aufzuspüren und stark zu machen – einen »körperlich, geistig und sozial« förderlichen Rhythmus zum Beispiel bei dieser oder jener Arbeit. Eine Lerngeschichte jenseits programmierter Leistung und Anstrengung. Trotz des Scheiterns von aufklärerischer Verbesserung der »Verhältnisse« durch Ideologiekritik und moralpolitischen Appell dürfen aber die Analysen der Gesellschaftsgeschichte nicht versäumt werden, die – vor allem ökonomisch und politisch – erst so geprägte und deformierte »Menschennatur« und »Natur« als Ergebnis einer womöglich nicht notwendigen, keinesfalls aber notwendig so fortzusetzenden Geschichte erweisen. Solche analytischen Sozialgeschichten und Gesellschaftstheorien sind erforderlich, um zu sehen, wieviel »naturbedingte« Probleme nicht doch Niederschlag von Herrschaft, Ausbeutung, Verschleiß, Resignation, Unwissen, Selbstunterdrückung sind.
Untersuchungen zu solcher »Naturbeherrschung am Menschen«* haben in den letzten Jahrzehnten Forscher aus verschiedenen geistes- und gesellschaftswissenschaftlichen Richtungen vorgelegt. In beeindruckender und bedrückender Weise zeigen sie, wie selbst allgemeinste Voraussetzungen menschlichen

* Der Begriff wurde von R. z. Lippe geprägt und ist der Titel seiner sozialgeschichtlichen und gesellschaftstheoretischen, ideengeschichtlichen und ästhetischen Untersuchungen zum Beginn der europäischen »Neuzeit« (2 Bde., Frankfurt 1981)

Lebens zunehmend und systematisch gefährdet sind. *N. Elias, M. Foucault, H. Berger, Gideon* und andere sprechen von einer fortschreitenden Ent-Sinnlichung im Handeln und Denken, von einer falsch äußerlichen Disziplinierung, von »Lebensentzug«, von einer »Abtreibung« an Sinnesbewußtsein und Körpergeschick, vom »homeless mind« usw. Die »innere Natur« unserer Körper wird denselben Prinzipien der Beherrschung zu vorgegebenen Zwecken unterworfen wie die »äußere Natur«, die von der neuzeitlichen Ökonomie nur als »Ressource« und »Kraftquelle« oder als »Randbedingung« und »Störfaktor« bzw. Abfall zur Kenntnis genommen wird. Die Strukturen dieses historischen Vorgangs der Lebensenteignung, d.h. der Sprengung von lebendigen Regelkreisen und ihrer Transzendierung müssen entschlüsselt werden, wenn die Menschen sich der Folgen erwehren wollen. Ansätze dazu und Klagen über den Mangel werden in den letzten Jahren häufiger. Sie sind aber immer noch viel zu unbeherzt, zu sehr im Teilaspekt befangen und zu arm an einem so konkret entfalteten wie umfassend ausgreifenden Bewußtsein.

In irgendeiner Form lebt in allen Menschen eine positive Vorstellung von Gesundheit und Leben, die es zu entwickeln gilt. Solche Vorstellungen, zugleich ein existentielles Wissen, klarer hervortreten zu lassen und für die Gestaltung des eigenen wie des gemeinschaftlichen Lebens verbindlich zu machen, krankt an dem aufgezeigten praktischen und theoretischen Mangel. Die solches Wissen fördernden Stationen der »Schule der Sinne« sollen deshalb an anschaulichen Beispielen mit dem möglichen Wissenshorizont verbunden werden. Wissen über Naturgesetzlichkeiten und ihren Bedingungscharakter auch für das gesellschaftlich organisierte Leben vermittelt wesentliche Argumentationshilfen für eigene Einsichten, die als unerheblich, bloß subjektiv und unzusammenhängend im Alltag der einzelnen unterzugehen oder unterdrückt zu werden drohen. Wissen über mögliche und notwendige Pflege von Bedingungen des Lebens und Entfaltungen zu bedeutender menschlicher Individualität sowie sicherere Erkenntnis störender Mechanismen, zerstörerischer Verhältnisse fördern ein eigenes Entscheidungsvermögen. Eine Fülle von Eindrücken und Wahrnehmungen neben den Stationen schafft die Übergänge der Beschäftigung mit dem Besonderen zu den Erinnerungen aus dem eigenen Alltag – dem heutigen wie dem der Kindheit – und zu den möglichen Entdeckungen in der gewöhnlichen Umgebung, zu denen auch Möglichkeiten ihrer konkreten, schrittweisen Veränderung gehören.

Eine volle Entfaltung der menschlichen Organ- und Sinnesvermögen wird zur Grundlage einer Gesundheitserziehung im weitesten Sinne und in der größten Breite. Von positiven Erfahrungen und Vorstellungen von Gesundheit ausgehend, werden die Fähigkeiten der Menschen und ihr Wille gestärkt, Verhaltenssicherheiten im Umgang mit sich selbst und der Umwelt zu gewinnen gegen ein eigenes Fehlverhalten wie gegen schädigende oder behindernde Bedingungen von außen. Nur wenn man bessere Reize zu bieten hat als Rauchen und Streß z.B. kann man auf selbständige Mitarbeit hoffen. Stärkere Befähigung, Lebensrhythmen aus inneren Rhythmen und im Einklang mit ihnen – wie Atmung und Kreislauf – zu bestimmen, ist die Bedingung für Selbständigkeit, Kompetenz und Verantwortung in Fragen der eigenen Gesundheit. Für diese ist, bei der komplexen Unterschiedlichkeit jeder individuellen Konstitution, Charakterbestimmung, Lebensgeschichte, Existenzbestimmung letztlich der Betroffene der wichtigste Experte.

Ein kundigerer Umgang mit den Zusammenhängen von Psyche, Soma, Geist soll den eigenen Lebenskräften mehr Wirkungsmöglichkeiten gegen Schädigungen aber auch die Fähigkeit zur positiven Lebensgestaltung geben. Eine präzise Einschätzungsfähigkeit für Augenblick und Ausmaß von Streß in Unter- und Überforderung z.B. kann dabei ebenso erreicht werden wie eine Selbstsicherheit durch freien, erfahrenen und sachgerechten Umgang mit sich selbst, mit der gegenständlichen und sozialen Umwelt; also auch mehr Fähigkeit zum Verhalten, indem man sich in die Situation anderer versetzt. Dabei entstehen Übungsprogramme für einzelne und für Gruppen in Schulen, Werken, Gewerkschaften usw. als Ausgleich und Ausbildung.

In Zusammenarbeit mit Heimen und Krankenhäusern, mit Gruppen und Vereinen entstehen therapeutische, ausgleichende bzw. Rehabilitationsprogramme, die im Gegensatz beispielsweise zu den reinen Kompensationsprogrammen wie »Trimm-Dich« den Menschen mehr Wissen über das vermitteln sollen, was sie tun, wie sie es tun und welche Wirkungszusammenhänge zu verfolgen sind.

Der von uns zu entwickelnde Begriff des Lernens soll für eine verbindliche Entfaltung der menschlichen Vermögen stehen. Daß für uns in diesem Projekt Entwurf und Ausführung praktischer Angebote und eine theoretische Forschungskonzeption zusammentreffen, sollen die folgenden Beiträge nachweisen.

Bildteil *Erste Sequenz*:

Menschen im Umgang mit Stationen des Erfahrungsfeldes.

S. 23-25

Menschen ganz verschiedenen Alters und ganz verschiedener Herkunft erproben die Wirkungen und Anregungen der Balancierscheiben, die nach und nach Möglichkeiten und Interessen im Umgang frei werden lassen. (Vgl. Stationen 8 und 9, S. 90-93)

S. 26-27

Wiederum werden die Phänomene von den Menschen allein erlebt, verbinden sie aber auch zu gemeinsamer Erprobung. Die ersten Bilder zeigen das Galileische Pendel und die Fortsetzung seiner Bewegungen in den Kindern, die ihre Kugeln in Bewegung setzen und sie beobachten.

Wieder übertragen sich die beobachteten Vorgänge in eigene Erprobung des Pendelns auf der Partnerschaukel. (Vgl. Station 12, S. 98-101)

S. 28-30

Zwei weitere Bilder zeigen, wie Besucher der Tastgalerie sich auf die Gefühle konzentrieren, denen ihre Hände an verdeckten Gegenständen nachgehen.
(Vgl. Station 16, S. 116-118)

Die letzten beiden Bilder zeigen Menschen beim Erproben des Summloches, in dem sie durch Summen ein Echo auslösen, dessen verstärkte Wellen über den Kopf in der Steinhöhle sich dem ganzen übrigen Körper mitteilen. Die Grade der Zurückhaltung und die abwehrenden Bereiche des Körpers gegenüber dem Einlassen auf das noch Unbekannte sind immer andere. (Vgl. Station 26, S. 148-151)

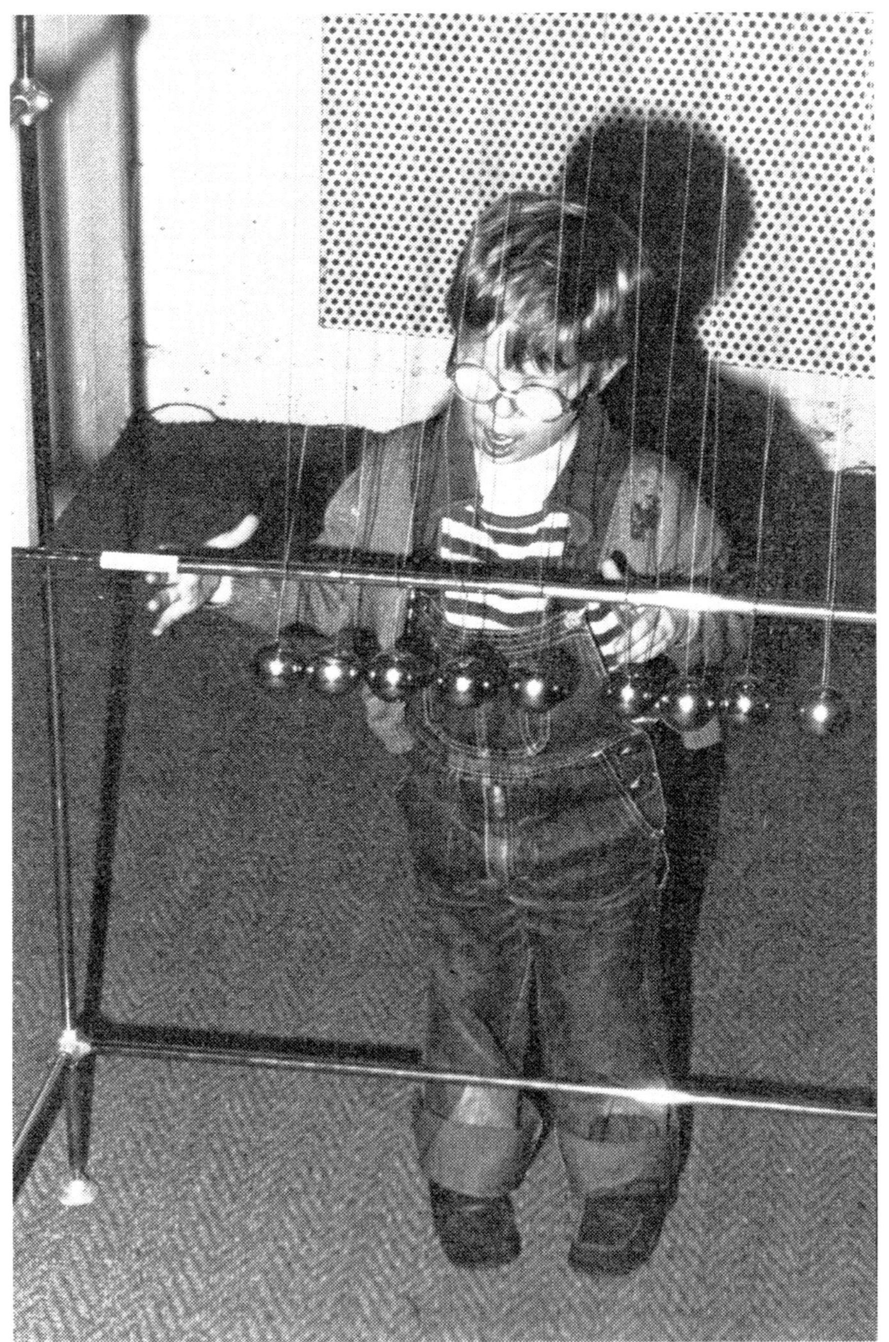

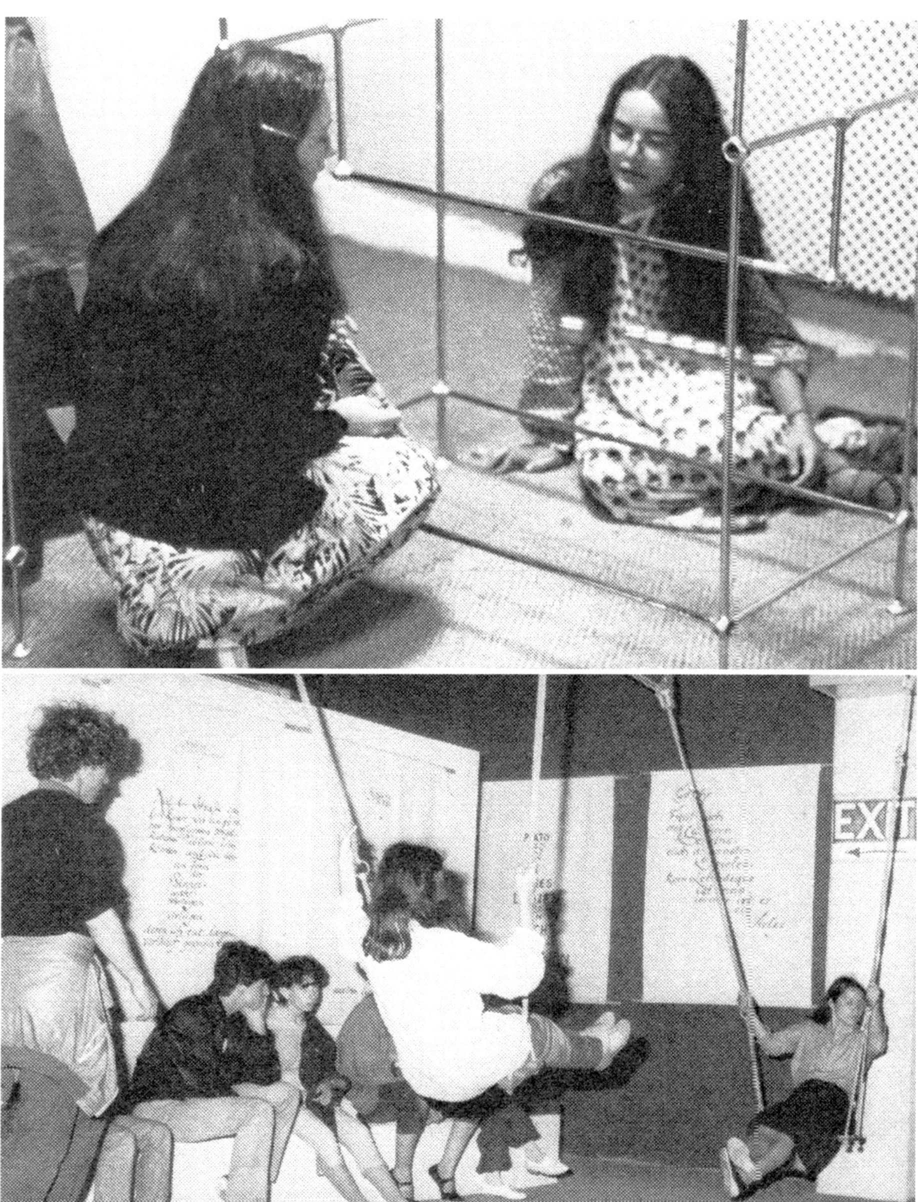

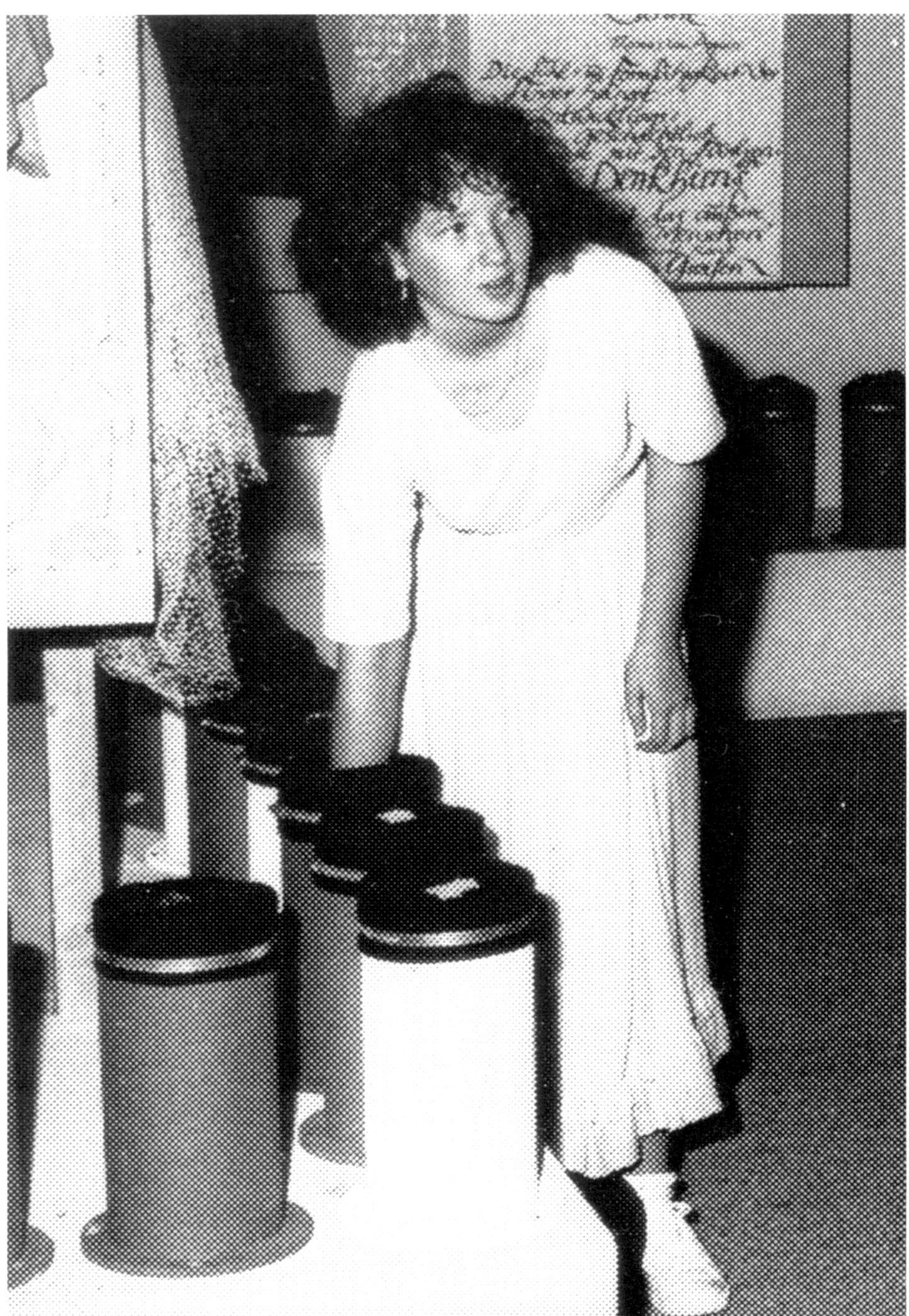

Tasten

Wiederbegegnung der Industriegesellschaften mit dem Körper *

Wer sich um ein zusammenhängendes Wissen von den leiblichen Seiten unserer individuellen und sozialen Existenz nicht erst seit gestern bemüht, wird das plötzliche Auftauchen des Wortes *»Körper«* in Veranstaltungsprogrammen, Buchtiteln und Illustrierten doch mit geteilten Gefühlen beobachten. Das herrschende Wissen vom Körper in Wissenschaft und Alltag reicht keineswegs so weit, wie gegenwärtig von ihm gesprochen wird. So könnte ein Gerede vom Körperlichen entstehen, das rasch die offenbar starken, ja drängenden Erwartungen enttäuscht und dazu führt, daß ein genauer werdendes Interesse sich von Fragen schon wieder abwendet, für deren Beantwortung wir Wege systematisch gerade erst zu erarbeiten beginnen. Andererseits wird der Forschende durch eine vielseitig erwachende Aufmerksamkeit in seiner Hoffnung ermutigt, daß eine gefährliche Vernachlässigung für die Zeitgenossen und folgende Generationen überwunden werden kann.

In der Wiederentdeckung der lebendigen Einheit des ganzen Menschen mit allen seinen Funktionen bieten sich Lösungsmöglichkeiten für immer entschiedener auftretende Probleme an – tatsächlich ist die Organisation unseres Lebens und seiner Planung jener Einheit und jenen Funktionen derart fremd, daß zwischen den herrschenden Problemen und Ansätzen zu ihrer Lösung wahrhaft mehr Schritte als ein paar Maßnahmen liegen. In immer mehr Bereichen unserer Organisation des Lebens ist die Rede von den »Lebensqualitäten«, die uns in Arbeit, Alltag, Freizeit gesichert werden müßten. Wir wissen aber viel zuwenig, welche Maßstäbe einem Lebensrhythmus der Menschen gerecht werden, welche Lebensbereiche besonders wichtig sind, welche äußeren und inneren Bedingungen erfüllt werden müssen. Eine Forschung ist nötig, die den nur quantitativen Begriff Lebensstandard mit qualitativen Fragen überwindet. »Lebensqualität« muß tiefer in die Zusammenhänge von körperlichen, seelischen und sozialen Vorgängen unserer Lebensweise eindringen. Ein Stück der wissenschaftlichen Arbeit können die Menschen als Betroffene auch selbst aufnehmen:

Welche Verhaltensfähigkeiten erlauben uns eigentlich, überhaupt mit den Alltagsproblemen von der falschen Höhe des Sitzes am Arbeitsplatz bis zur Schlafstörung zu leben? Wo können wir noch Geschicklichkeiten entwickeln, die uns ein Gefühl der Verhaltenssicherheit geben? Wo können wir noch mit einer spontanen Bewegung einem anderen entgegengehen, z.B. beim Aussteigen aus dem Zuge helfen oder den fragenden Blick eines Fremden aufnehmen? Wann können wir uns einem Landschaftseindruck öffnen? Wieso können wir den richtigen Stein wählen, um ihn über die Wasseroberfläche springen zu lassen?

Alltagspraktische Forschungsarbeit sucht die Gründe und Umstände, die uns alle diese »natürlichen« Reaktionen so schwer machen, die Anlässe dazu immer seltener werden lassen, Verhaltensfähigkeiten und unsere Freude an ihnen in Trägheit verwandeln. Aus der Sammlung dieser Beobachtungen und aus ihrer systematischen Analyse sind bestimmte Verhaltenstendenzen in unserer Gesellschaft herauszuarbeiten, die mit denen anderer Zeiten und Völker verglichen werden können. Auf solcher systematischen Grundlage und aus den praktischen Ansätzen der Alltagsbeobachtungen können wir dann auch Wege der Vorbeugung, des Ausgleichs und der Rehabilitation entwickeln. Tendenzanalysen andererseits erlauben uns auf dem Hintergrund ökonomischen, arbeitswissenschaftlichen, psychologischen, soziologischen und medizinischen, humanbiologischen Wissens, genauer die äußeren Bedingungen für »Lebensqualität« zu bestimmen, die gegen zerstörerische Mechanismen geschützt werden müssen.

Alltagsbewußtsein von unserem Körper

Positive Assoziationen verbinden sich noch mit Urlaub und vor allem mit Kindheit. Durch Berührungen wurde der Körper Ort und Mittler von Vertrauen. Gespür füreinander, Heilung, Trost, Versprechen. Körperliche Gewandtheit und Kraft geben Sicherheit; geschicktes Verhalten zeigt uns, was wir vermögen. Unsere Geschicklichkeit wachsen zu sehen, läßt uns erfahren, daß wir lernen können, mit dem Gelernten arbeiten und mehr lernen können. Vom Purzelbaum zum Handstand, vom Fiepen auf dem Grashalm zur Kastanienzweigpfeife. Wie ein Traum erscheinen uns all die Augenblicke, in denen wir uns durch eine Bewegung oder Haltung ausdrücken durften, statt Rede und Antwort zu stehen; wie im Spiel von Sich-Verstecken und Sich-entdecken-Lassen, so durch Zärtlichkeit, Verstummen oder Weinen. Alle wichtigen Erlebnisse waren körperlich zu fühlen in Spannungen und Erleichterungen, Ausgelassenheit und Sich-Zusammenziehen. Ob es die Freude war, mit anderen zusammenzusein, oder die Furcht, daß ein Versäumnis entdeckt würde. Um so mehr waren alle erregenden Ereignisse so heftig zu empfinden, daß die selige Spannung beim

Angeln eines Fisches, beim Schwung mit der Schaukel oder im Windzug der Geschwindigkeit auf dem Fahrrad sich anschließend in wohlige Müdigkeit löste.

Heute malen Schulkinder ihre Klasse als eine Reihung von Köpfen auf Stangen ohne Körper oder wie »Hühner auf der Stange«, die auf den festgeschraubten Sitzreihen der Pausenhalle nebeneinander das Klingeln abwarten. Viele ihrer lustvollen Erfahrungen erleben sie vor dem Fernseher, sitzend mit nervös wippenden Beinen. Die aufregenden Erfahrungen von Geschwindigkeit und Gefahr sind weitgehend in die abstrakte Konkurrenz immer teurerer Spielzeuge und sportlicher Standardleistungen umgeformt.

Die Sozialforschung bestätigt, was die Werbung längst ahnte, daß selbst junge Paare ihre »sexuelle Tätigkeit« weitgehend auf den Urlaub verschieben. Während der Ferien lassen einige Formen des Bedürfnisses sich äußern, freie Kraftverausgabung, Geschicklichkeit und körperlichen Elan an sich selbst zu entwickeln. Seit dem Rock 'n' Roll sind die Hüftschwünge von Elvis Presley Ausgangspunkt der wichtigsten neuen Tänze, besonders Twist und Surf, und der auffallendsten neuen Sportarten, besonders Skateboard und Windsurfer, geblieben. Der Schwung aus der Leibesmitte wird in Ferien und Freizeit immer leidenschaftlicher gesucht.

Die Institution des Trimm-dich, die dem allen allgemeine Beachtung und Durchsetzung verspricht, könnte fast vergessen lassen, daß die wesentlichen Fragen noch gar nicht gestellt sind. Was bedeutet den Menschen ihr Körper, wenn sie erwachsen sein müssen und nicht Urlaub haben können? Das heißt, welches Verhältnis zu der physischen Seite unserer Existenz und allem, was mit ihr verbunden ist, ergibt sich aus unserer gesellschaftlichen Organisation von Arbeit und Alltag? Im Beruf entziehen sowohl repetitive Teilarbeit wie die Büroarbeit wie die der Rationalisierung folgende Arbeitslosigkeit – wenn auch mit sehr unterschiedlichen Formen körperlich-geistiger Erschöpfung verbunden – die sinnlichen Erfahrungen greifbaren, wertvollen Wirkungsvermögens. Im Erziehungssystem setzen sich dieselben Tendenzen zur abstrakten Leistungsnorm, und sei es die des disziplinierten Nichtstuns, so weit durch, daß zum Teil selbst die Leibeserziehung zum intellektuellen Trainingsprogramm und die Kunsterziehung zur abstrakten Ideologiekritik geworden sind. Zu viele Lehrer klagen nur über die Kassettenrekorder der Schüler, sind aber selbst nicht fähig, mit ihnen zu singen.

Die negativen Assoziationen zum Körper sind Müdigkeit, Stumpfheit, Sorge vor Krankheit und Alter, die Mühen, wenigstens oberflächlich frisch zu erscheinen, die Furcht vor Verschleiß. Wir müssen alle Ängste, die nicht genau begründete und bezogene Furcht vor etwas Bestimmtem sind, mit hinzuzählen. Denn wir wissen, daß Ängste immer emotionale Energien sind, die ihren konkret körperlichen Bezug verloren haben und sich in Mangel an gelebten und lebenden Beziehungen verwandeln. Dieser Mangel ist psychisch-sozialer Art, wo fehlende Erfahrungen mit der Umwelt Leere produzieren und diese hilflos ausgefüllt werden soll, z.B. durch Drogenerlebnisse. Zur Skala der Drogen gehören nicht nur Haschisch und Kokain, sondern auch Alkohol und Nikotin oder Kremetorten und Kleiderfimmel.

Der Mangel ist physiologisch-psychischer Art, wo Körperfunktionen und Sinne die gewohnte und notwendige Sicherheit nicht mehr vermitteln können. So zeigte sich bei Übungen mit Studenten, daß erschreckend viele von ihnen ihren aufrechten Gang vorherrschend durch optische Kontrollen statt durch Gleichgewichts- und Balanceorientierung garantieren: Wenn sie versuchen, mit geschlossenen Augen in einem ihnen bekannten, ungefährlichen Raum umherzugehen, befallen die meisten von ihnen Ängste, die bei einigen sogar zu Schwindelanfällen führen. Das Gefühl der Fremdheit gegenüber Bereichen des eigenen Körpers ist wesentliche Grundlage von psychosomatischen Erkrankungen wie von Selbstgefühlsschwund mit allen Folgen der Aggressivität gegen sich selbst und andere.

Die gegenwärtig herrschende wissenschaftliche Einstellung

Der führende amerikanische Forscher der body consciousness, *Seymour Fisher,* geht von der folgenden Kritik des heute noch herrschenden gesellschaftlichen und wissenschaftlichen Wissens über unseren Körper wie über unser Verhältnis zu ihm aus: Der Körper findet bei uns Beachtung wesentlich und systematisch nur im Zusammenhang mit den Themen Krankheit und Sex, Arbeitskraft. Alles Körperliche in unserem Leben muß sich gegen unsere Lebensform durch Nicht-Funktionieren in Erinnerung rufen, z.B. durch vegetative Störungen. Dadurch wird das negative Bewußtsein vom Körper, das schon durch die Sinnenfeindlichkeit der mittelalterlichen Kirche und erst recht der Reformation mit Schuldgefühlen belastet ist, noch scheinbar sachlich erhärtet.

Der moderne Gesundheitsbegriff ist als Freisein von manifesten Krankheiten bestimmt. Der Versuch in der Charta der *World Health Organization* der *UNO,* Gesundheit wenigstens ansatzweise als ein geistig-seelisch-körperlich-soziales Gleichgewicht in der Dynamik der allgemeinen und individuellen Geschichte zu begreifen, hat sich weder im Bewußtsein der Politiker noch in dem der Mediziner und Soziologen praktisch durchgesetzt. Zwischen dem totalitären Begriff der »Volksgesundheit« und der bloßen Behandlung von Krankheiten klafft noch ein Abgrund. Wie weit sind wir entfernt von den Regeln für die

Tätigkeit der altchinesischen Ärzte: Der stetig um die Förderung der Lebenskräfte bemühte Arzt wurde für diese Bemühungen bezahlt, nicht für die Anstrengungen gegen eine ausgebrochene Krankheit.

Der Versuchsballon der *DAK,* mit ihrem kleinen »Sensorium« ein paar Organfunktionen der Versicherten im Zuge einer normalen, alltäglichen Belebung der Sinneswahrnehmungen gegen den Versicherungsfall zu stärken, ist im Verhältnis zu dem Ziel hilflos ausgefallen. In der Schweiz werden bereits in greifbarem Modellmaßstab der Krankenhausbau und der Besuch des *»Versuchsfeldes zur Organerfahrung«* von *Hugo Kükelhaus* gefördert. Weiter durchgesetzt als die Erkenntnisse der Psychosomatik z.B. hat sich dieser Anfang aber auch noch nicht. Die inzwischen über ein halbes Jahrhundert erprobte körperlich-geistige Arbeit der Anthroposophen, z.B. mit geistig Kranken, um nur ein Beispiel aus dem nicht institutionalisierten Bereich zu nennen, ist von der akademischen Wissenschaft so wenig als Herausforderung aufgenommen worden, daß man sich nicht gerade ermutigt fühlen kann.

Freilich sind diejenigen Bestrebungen, die Schulen körperlicher Übungen oder ganzmenschlicher Lebensweise oder naturnäherer Ernährungs- und Denkformen an sich folgerichtig zu entwickeln suchten, ihrerseits in einer wesentlichen Hinsicht inkonsequent geblieben. Selbst Ansätze mit einem starken Widerhall in weiten Schichten der Gesellschaft wie die Lebensphilosophie *Nietzsches* und *Diltheys* in ihren volkstümlichen Folgeerscheinungen oder die Jugend- und Wandervogelbewegung versuchten nur, zu einer anderen Einstellung von Gruppen und einzelnen zur Natur zu erziehen, allerdings auch zu der Natur in uns, zu unserem Körper. Daß wir unsere Form der Arbeit, unsere Bearbeitung der Natur und unser gesamtes öffentliches Leben als Gesellschaft so organisiert haben, wie es der nur negativen Beachtung des menschlichen Körpers entspricht, ist der strategische Ansatzpunkt, der bisher von den Kritikern versäumt worden ist.

Die offensichtlich uns bedrohende ökologische Katastrophe in der hemmungslos verbrauchten, ausgebeuteten, deformierten äußeren Natur macht heute exemplarisch aufmerksam auf das, was fortschrittsgläubige und unsinnlich-selbstherrliche Naturbeherrschung nicht wahrhaben wollte. Technik kann nicht einfach Einsatz von Faktoren und Ausschalten von Störfaktoren sein. Gesundheit läßt sich nicht durch quantitativ kalkulierte Dosen von jeweiligen Gegengiften wiederherstellen. Durch bloße Verausgabung von Arbeitskraft versäumte Ausbildung der Persönlichkeit, der Erfahrung am Selbstgefühl und der Zusammenarbeit mit anderen läßt sich nicht durch Freizeitkurse oder »sozialen Prestigegewinn« nachholen oder ausgleichen. Am eigenen Leibe hat die Natur in uns unter denselben Strategien und in derselben Weise gelitten wie die Natur uns gegenüber. Rhythmen, die aus der Natur der Dinge, aus deren naturgegebenen Bewegungsformen sich ergeben, sind noch kaum Gegenstand unserer Reflexion – im Alltag oder in den Wissenschaften. Statt sie zu bewußten Lebens- und Bearbeitungsplänen zu entwickeln, wurden auch lebende Körper wie »physikalische Körper« quantitativ betrachtet und quantitativ abstrakt kalkulierten Normen unterworfen. *Henry Fords* Betriebsorganisation und *Stalins* Mustersollarbeiter *Henneke* sind Vertreter desselben Prinzips.

Das ist inzwischen revidiert worden. Zu entscheidenden Varianten zwang die Unproduktivität von Produktivitätssteigerungen, die sich in einem untragbaren Nachlassen des »Faktors Mensch« besonders in bestimmten Industriezweigen niederschlug (Fluktuation, Krankheit, Ausschußproduktion). Ebenso wurde auf der Seite der menschlichen Schädigungen eine Grenze der Belastbarkeit und der Intensivierung unselbständiger, psychisch verelendender Arbeitsverausgabung deutlich. Beide Phänomene zusammen führten zu der Rede von der *»Lebensqualität am Arbeitsplatz«*. In der folgenden Phase von zunehmender Arbeitslosigkeit nahmen zwei weitere Phänomene stärkere Bedeutung ein. Die Schädigungen im städtischen Alltag, z.B. Funktionsstörungen oder Jugendkriminalität bei Hochhausblockbewohnern, sowie der Lebensentzug, z.B. durch schwingungsgleiches Licht, gaben Anlaß, von einer notwendigen Verbesserung der Lebensqualität überhaupt zu sprechen. Damit muß die Entfaltung freier Lebenstätigkeit und nicht Entgelt in »Lebensstandard« gemeint sein. Aber über eine quantitative Sicht der Probleme führen auch die Programme des *Club of Rome* noch nicht in eine Wende. Wild Life erfährt mehr Beachtung als Human Life. Daß Tierschutz größere Aktivität weckt als Kinderschutz, ist ein Teilaspekt des Problems.

Die seelischen und körperlichen Folgen der Nichtbeschäftigung von alten Menschen, Arbeitslosen und Jugendlichen machen zwei grundsätzliche Beobachtungen zu der Organisation unserer hochindustrialisierten Gesellschaften offensichtlich – der westlichen insofern geradeso wie der östlichen! Die erste: Zwischen sozialen Gruppen wird zunehmend nach Kriterien differenziert, die nicht auf Unterscheiden, sondern auf Ausscheiden zielen und damit der Segregation Vorschub leisten, die Bedingung und Prinzip aller totalitären Regime ist. Diese Tendenz wird auch in der sich industrialisierenden Dritten Welt übernommen.

Die andere Beobachtung stellt den Zusammenhang zum Thema Körper unmittelbar her. Die Kriterien der Segregation zwischen Arbeitstüchtigen und Nichtbeschäftigten, zwischen Cracks und Krücken, zwischen Sexstars und Nieten usw. sind grundlegend körperliche. Wenn die Segregationen überwunden werden sollen, müssen für die sozialen wie für die individuellen

Verhältnisse wieder Beziehungen und Verbindungen wesentlich werden! Dafür ist unsere Körperlichkeit, der Körper in seiner seelisch-sozial gestalteten und gestaltenden Wirklichkeit, wesentliches Feld, wesentliches Mittel und sogar wesentliches Modell, da auch unser Denken neuerdings als Abstraktion auf der Grundlage körperlicher Organvorgänge verstanden wird.

Der versäumte Fortschritt

Der technische Fortschritt hat das menschliche Arbeitsvermögen in der Produktion disqualifiziert! *»Alles, was die Hände leisten können, ist lediglich, was irgendeine Maschine noch nicht zustande bringt«* (R. Boguslaw). Im städtischen Alltag setzt sich der Lebensentzug durch Mangel an Forderungen und Förderungen für unsere sinnlichen Vermögen fort, z.B. in der euklidischen Einförmigkeit gerader Winkel von Straßen und Fassaden. Fortschrittgläubigkeit verband mit diesen Opfern immer die Gewißheit, daß sie um so mehr Freiraum für die Menschen bringen würden. Um diese Hoffnung einzulösen, ist aber eine gesellschaftliche Fähigkeit erforderlich: Der ersparte Energieaufwand ist – mindestens auch – in anderen Formen für die Menschen zu entfalten als nach den Prinzipien der Ersparung.

Konditioniert durch die einlinige Einseitigkeit des Fortschrittsdenkens und seiner Konsequenzen in unserer Lebenszurichtung fehlen uns weitgehend das freie Vorstellungsvermögen und der anschauliche Erfahrungshintergrund. Diese Fähigkeit ist aber auch keineswegs von der Gesellschaft entwickelt, nicht einmal als Aufgabe aufgegriffen worden. Bei den einzelnen Menschen ist sie im Schwinden.

U.a. hat *Arnold Gehlen* in seiner Sozialanthropologie die Formel *»Fortschritt gleich Entlastung«* zum Prinzip erhoben, ohne auf den Sinn der abgelösten Erfahrungen für eine ganzheitliche Lebenstätigkeit zu achten. Es fehlt der Blick zurück. Das Modell »Auge-Hand-Feld« ist das einfachste Beispiel: Was das Auge kontrollieren kann, braucht angeblich die Hand nie mehr zu betasten; sie wird auf die greifende Ausführung reduziert. Einer unserer Sinne verkümmert, statt in neuen, vielleicht von mühseligem Arbeitssoll freien Übungen um so differenzierter belebt zu werden. (Goethe sagte, *»mit den Händen sehen, mit den Augen fühlen«.)*

Statt religiöser Tabus haben wir eine technologische Instrumentalisierung des Körpers. Sobald die Entlastung erzielt ist, wird die ersparte Energie in einem Mehrsoll verplant oder zum billigen Überschuß geworfen. Je weniger unsere Leistungen in bewußtseinswirksame körperliche Erfahrungen eingebunden sind, desto weniger bilden sich auch lebendige, fühlbar gestaltete Beziehungen zur sozialen und dinglichen Umwelt.

Die Lebensverhältnisse werden abstrakt, zu abstrakt, wo die materielle Seite – Materie, Mater, Mutter! – aus dem geschichtlichen Spiel der Bestimmungen und Bewegungsformen ausgeschlossen wird. Der soziale Verlust des eigenen Ortes ist nur die Kehrseite des verkümmernden Leibbewußtseins. Der amerikanische Soziologe *Helmuth Berger* analysiert unseren Zustand unter dem Stichwort *»Homeless Mind«*.

Objektive Kriterien für Qualitäten des Lebens

Zu Beginn der Neuzeit sagte *Leonardo da Vinci,* u.a. der bedeutendste technische Erfinder seiner Epoche: *»Die Seele will in ihrem Körper bleiben, weil sie ohne ihre Organe weder sehen noch hören kann.«* Wissenschaftliche wie politische »Realisten« halten das heute noch für eine schöne Idee, die nichts mit der Gestaltung der wirklichen Lebensverhältnisse zu tun hat – es sei denn, daß *»etwas für die Kunst getan«* wird, die übrigens mehr und mehr sich Aufgaben zur Wiederentfaltung allgemeiner sinnlicher Beziehungen (z.B. body art und Körpersprache) und sozialer Verbindungen (z.B. sociological art und Kunst als soziale Umgebung) zu stellen beginnt.

Allein das Programm vom *»geschichtlichen Stoffwechsel mit der Natur«* von *Marx* hat mit dem Ziel einer allseitigen Harmonie auch ökonomisch Ernst zu machen gesucht; aber auch bei den Linken ist es, trotz leidenschaftlicher Mahnungen von *Marcuse* und *Adorno,* unter ideologiekritischer Schematik oder hilfloser Spontanität in Siechtum verfallen. Die Goethesche Tradition von der ganzmenschlichen Lebenstätigkeit ist als individuelle Betrachtungsweise hoch angesehen, aber als Gestaltungsprinzip für das öffentliche Leben, zu dem dann auch der Bereich der Arbeit gezählt werden muß, ohne Einfluß. Nicht einmal sein Naturwissen, das auf der naturgesetzlichen Verwandtschaft der Wahrnehmungen und Stimmungen unseres Leibes mit den Bewegungen der äußeren Natur beruht und eine Leibpädagogik selbst der Naturwissenschaften aus den Ansätzen unserer Körpererfahrungen fordert, ist je Gegenstand intensiver wissenschaftlicher Auseinandersetzungen gewesen.

Sozialwissenschaftler, Psychologen und Philosophen, die als »Geisteswissenschaftler« für das Nachdenken über die Gesellschaftsorganisation zuständig sind, können seit der Industrialisierung dem Realismus des Fortschritts nichts von vergleichbar anerkanntem Gewicht wie die »Fakten« und deren Kausalität gegenüberstellen. Weitgehend sind ihre Modelle und Methoden – aus Verlegenheit oder Unterlegenheitsgefühlen oder Opportunismus – positivistischen, »objektiven« Methoden der Naturwissenschaften nachgebildet. Der Spannungsabstand zu der zu prüfenden Praxis geht verloren. Kritische Gegenmodelle oder Warnungen werden als gutwillige oder als bösartige »Weltveränderung« beiseite geschoben, wie seit Jahrzehnten *Margaret Meads* Werk, *Robert Jungks* Berichte (»Die Zukunft hat schon begonnen«), *Ernst Blochs* Geschichtsphilosophie (»Prinzip Hoffnung«). Die hervorragendsten Naturwissenschaftler des Jahrhunderts haben im Alter zur Wende gemahnt. *Einstein* sagte, sein ganzes Denken sei schon in einem kleinen Teil seines Körpers, *»in meinem kleinen Finger«*, hinreichend angelegt. Heisenberg warnte, die Spaltung des Atomkerns werde sich als Spaltung durch den Menschen selbst fortsetzen. Aber eben diese Alterseinsichten werden nicht zitiert und noch weniger zur Grundlage von ökologisch-politischen Entscheidungen gemacht, die nur die andere Seite ihres Wissens im Blick haben. Leib und Leben spielen im öffentlichen Denken weiterhin nur eine Nebenrolle, auch und gerade, wo es um »Lebenserwartung« oder »Lebensstandard« geht.

In dieser Lage können die Arbeiten einiger Naturwissenschaftler den Ausschlag zur Umkehr geben, die aus einem neuen Verstehen der Natur, besonders auch der Natur des Menschen, Strukturen und Funktionen im weiterwirkenden Zusammenhang mit ihrer Entstehungsgeschichte bei Gattung und Individuen begreifen. Der Biologe und Anthropologe *Gregory Bateson* gibt als Erklärungsmodell und zugleich als Modell für die weiteren Lebensmöglichkeiten eines Wesens *»the pattern which connects«* an: Bestimmte lebendige Beziehungen zwischen den Teilen eines organischen Systems, z.B. eines Menschen, wie mit seiner Umgebung bilden die Möglichkeiten und Grenzen, je nach der Vorgeschichte, für ihre Zukunft. »The pattern which connects« ist die Antwort auch auf die anthropologischen Forderungen von M. Mead, die soziologischen von H. Berger, die psychologischen von S. Fishers body consciousness.

Der Humanbiologe und Embryologe *Erich Blechschmidt* zeigt aus der Entwicklung unserer frühen und tiefsten Organschichten auf, welche bestimmten Bewegungsformen, welche elementaren körperlichen Tätigkeiten am Beginn unseres Lebens stehen und deshalb, auch wenn ihre Leitungsfunktionen nach und nach abgelöst werden, weiter Lebensbedingung bleiben. So erfüllen die Arme und Hände nicht nur die *»Aufgabe des Greifens«*, sondern sind zugleich Werkzeuge unserer Selbstrhythmisierung; wie dem Embryo die Armsprossen, so dienen dem Erwachsenen die Gesten der Arme zur Entfaltung seines dynamischen Gleichgewichts im rein körperlichen wie im seelischen Sinne. Aus seinen in der Welt führenden Forschungsergebnissen leitet Blechschmidt Ansprüche der Menschen an ihre Lebenswelt ab, die jenen tiefen

Verbindungen von physiologischen Vorgängen mit entwicklungsgeschichtlich ihnen zugehörenden psychischen Prozessen die lebensnotwendige Betätigung ermöglichen.

Der chilenische Biologe und Erkenntnistheoretiker *H. Maturana* weist nach, daß selbst die abstraktesten Modelle unseres logischen Denkens nur Abstraktionsformen von Organisationssystemen unseres Körpers sind und Denken vor der Sprache entsteht. Der Leib bleibt durch unser ganzes Leben erlebtes und gestaltetes Vorbild. Die anschaulichste Einsicht dazu ist das lange bekannte Modell des Begriffs, der aus dem Greifen der Hand zum Werkzeug des Denkens geworden ist, aber ohne das tastende Begreifen der Hand alleine zur haltlosen Spekulation führen kann. *Frederic Vester* hat in seinen weitverbreiteten Darstellungen z.B. ein körperliches Modell aufgezeigt, an dem unser Denken und unsere Einstellung aus dem konditionierten Ja-Nein, Entweder-Oder, Passiv-Aktiv einen freieren Weg finden könnten in die vielseitige »Vernetzung« statt der mechanischen »Verdrahtung«. Die Rezeptoren unserer Nervenbahnen wirken durch selbständige innere Bewegungen zusammen, wobei gerade die Aufnahmetätigkeit gegenüber den ankommenden Impulsen die höhere Aktivität darstellt (nicht etwa das »Senden«, wie es die »Kommunikationstheorie« behauptet).

Aufnahme- und Beobachtungsfähigkeit als aktive Leistung zu begreifen, wäre eine der wesentlichen Grundlagen eines beziehungsreicheren und dynamisch ausgewogenen sozialen Zusammenlebens wie eines Austauschs mit der Natur. Wesentlich ist die Fähigkeit, zu unterscheiden, statt auszuscheiden, und die Unterschiede anzunehmen. Sie setzt das Vermögen voraus, bei aller aktiven Wirkung nach außen doch nicht *»außer sich zu geraten«,* bei aller inneren Lebendigkeit doch nicht die Welt aus den Augen zu verlieren. Unsere Beziehungen zur Umwelt, gerade in der problematisch gewordenen Körperlichkeit, schwanken aber typischerweise zwischen Ekstase und Innerlichkeit. Der freie Abstand zum anderen, der weder Zurückweisung noch Sich-Verstecken bedeutet, setzt nicht nur einen Ausgleich der körperlichen Funktionen, sondern auch einen entfaltenden Wechselbezug zwischen Innen und Außen voraus – so wie er sich im Atem vollzieht.

Humanbiologen zeigen die vegetativen Grundlagen eines solchen gesellschaftlichen Lebens und geben uns die lange vermißten positiven Ansatzpunkte für diese entsprechenden Vorstellungen der gesellschaftlichen Organisation von Arbeit und Alltag, individuellem und öffentlichem Leben. Dies geschieht in der Stunde, da Umdenken und Handeln für den Frieden zwischen den Menschen, zwischen den Völkern und mit der Natur zu der zentralen Aufgabe soziologischer Phantasie, universaler Verantwortung der Menschheit wird. Leib und Leben können auch im geistigen Sinne in den Mittelpunkt geschichtlichen Denkens rücken, nicht erst, wenn Flüchtlinge vor Hunger und Überlebensnot, Völker und Landschaften vor dem Verdorren oder der Vergiftung zu retten sind.

Mit den neuen Erkenntnissen der Naturwissenschaften vom Menschen werden objektive Kriterien für Lebensqualität denkbar. Objektiv auch in der Rücksicht auf die Lebensformen in und um uns in der Aussicht auf lebenswürdige Beziehungen zwischen den Menschen. Die Bemühungen von Stadträten um ein wenig Heimeligkeit in der Fußgängerzone oder der Kreativitätstheorie um ein wenig phantasievolle Bewegungsfreiheit gegenüber starren Regeln, z.B. im Sport, werden, so gesehen, als auf dem rechten Wege, aber als recht hilflos erkennbar. Die Erfahrungen noch überlebender Volkstraditionen und Handwerke, des gesunden Menschenverstandes mit seinen körperlichen Alltagsklugheiten bekommen neue exemplarische Bedeutung; wir können bei ihnen noch einmal in die Schule gehen. Politische und ökologische Gruppen, die Lehren körper-psychischer Therapien und meditativer Übungen werden ihre noch versprengten oder auch eigenbrötlerischen Anstrengungen auf eine gesellschaftliche Entwicklung richten können: Ein seelisch-geistig, körperlich und zwischenmenschlich sich auf Gleichgewicht hin bewegendes soziales Leben als sozialer Leib – body politic – sagen die Angelsachsen. Voraussetzungen dafür können wir als Wissenschaftler und im Alltag schaffen, wenn wir bewußter an einer Leiblichkeit arbeiten, gegen Isolationen und Teilungen und Ängste.

Praktische Schritte

Was kann man vernünftigerweise praktisch tun, während teils noch Grundlagenwissen fehlt und zum anderen eine hinlänglich allgemeine Veränderung unserer Arbeits- und Lebensbedingungen noch keineswegs greifbar bevorsteht?

Von der Seite des *»gefühlten Mangels«*, wie *Hegel* sagt, ist das Bewußtsein vieler einzelner und auch in Bereichen der Öffentlichkeit wach geworden; zum Teil haben bedrohliche Schäden wie Herzinfarkt und Magengeschwüre uns wachgerüttelt. Bedürfnisse nach intensiverem Bewegungserleben drücken sich in verschiedensten sportlichen Formen aus, die in modeähnlichen Wellen einander ablösen. Diesem Bewußtsein und diesen Bedürfnissen gilt es Angebote zu machen, die gelassen, gelöst, spielerisch erprobt werden können. Zunächst in einigen Modellversuchen sollten z.B. die Erfahrungsstationen von Kükelhaus und von anderen durch freudvolle Erlebnisse dazu (ver)führen, Geschmack zu finden und vielleicht auch bewußtes Interesse an leibhaftigen Erfahrungen, in denen Selbstgefühl, Naturerleben und Entwicklung von Situationen so lebhaft tief und ungezwungen wie in der Kindheit sich verbinden.

So könnten an vielen Orten, besonders notwendig in den Ballungsräumen, Versuche zu sinnvolleren *»Freizeittätigkeiten«* von vielen Menschen gemacht werden. Dabei lassen sich auszubauende Stärken und zu vermeidende Mängel von Schwing-, Balancier- oder Tasterfahrungen usw. beobachten und entsprechend besonderen Bevölkerungsgruppen jeweils angehen – z.B. nach bestimmten Wohn-, Arbeits- und Lebensformen in Stadt, Land, Industrie usw. Diese Beobachtungen können zusammen mit dem jeweiligen sozialen Umfeld als Vergleichsstudien entwickelt werden, aus denen sich Grundtendenzen und Typen unserer gegenwärtigen Entwicklung genauer darstellen lassen.

Im Alltag von Arbeit, Wohnen, Transport usw. lassen sich typische Verhaltensfähigkeiten beschreiben, die z.T. von bestimmten technischen Veränderungen wie Satzcomputern, Fahrstühlen, Drehtüren usw. gegenstandslos gemacht werden und uns verlorenzugehen drohen, zumal sie uns bislang, erfreulicherweise, so selbstverständlich erscheinen, daß wir uns ihrer als Fähigkeiten kaum bewußt werden. Im industrialisierten Leben bedürfen diese Fähigkeiten bewußt entwickelter Gelegenheiten zur Ausbildung.

Ihre Ausbildung ist ein Kernstück jener positiven Vorstellung von Gesundheit und Lernen, die wir im Erleben der Menschen und als Begriff unserer allgemeinen Lebensorganisation brauchen.

Theoretische Erforschung und praktisch wirksames Erproben müssen in den leiblichen Bereichen mehr denn je Hand in Hand gehen: Wissenschaft und Wissen, spielerische und systematische Entfaltung, Erproben und entschiedeneres Bewußtsein in einem. Dieser Zusammenhang wird den Grund für notwendige Konzeptionen in der Pädagogik wie in der »Freizeit«, in der Therapie wie für die Technik von »Maschine-Mensch-Systemen« bilden, falls wir uns seiner zu versichern vermögen.

* Abgedruckt in: Neue Sammlung, 20. Jg., H. 5, Stuttgart 1980

Bau von Stätten der Wahrnehmung: Eine Utopie? *

Wahrnehmung ist, was das Wort durch seine Doppelbedeutung aussagt: Erkenntnis und zugleich Wahrnehmung; Wahrnahme und Einsicht in eins.

Die Sprache begreift das Wahrnehmen als eine Tätigkeit. Bloße Vereinnahmung ist für sie nicht Wahrnehmung. So, wie sie allgemein Nehmen als ein Geben und Geben als Nehmen anmahnt. Da dem so ist und da die Industriegesellschaft dem Menschen das Geben und Dienen abgewöhnt, das »Nimm und steck ein!« – von Kindesbeinen an – eingewöhnt hat, sieht es mit der ihm eigentümlichen Fähigkeit und Bedingung, leben zu können nur durch Erzeugung von Leben, kümmerlich aus. Es hat keinen Sinn, darüber zu jammern. Noch weniger Sinn hat es, mit dem Finger »Wissenschaft« in dieser Wunde herumzubohren. Sinn hat die Haltung des Mannes, der, selbst wenn er zu der Erkenntnis gekommen ist, daß morgen die Welt untergeht, dennoch heute einen Baum pflanzt und seine Schulden bezahlt. Und der, statt nach Wirkung und Erfolg zu fragen, sich der Wahrnehmung des Lebens in der Gegenwart annimmt, zumal dort, wo es am gegenwärtigsten, wo es im Zustand des Keimens und Blühens ist: beim Kinde und bei der Jugend.

I

Man stelle sich vor, eine lange Strecke über eine schnurgerade, ebene, hellerleuchtete, völlig hindernisfreie Betonbahn gehen zu müssen. Daß man nach 4 oder 5 km solcher eintöniger Lauferei ermattet sein wird, leuchtet ohne weiteres ein. Es leuchtet aber auch ein, daß es einem ganz anders erginge, wenn man die gleiche Strecke durch einen Wald gehen würde. Dort ist der Weg nicht schnurgerade, sondern gewunden. Es geht auf und ab: über Stock und Stein. Da sind schlüpfrige Stellen. Das Licht ist dämmrig. Man muß dauernd balancieren. Ist ganz Auge, ganz Ohr, ganz Lunge und Nase: vielerlei Düfte sind da, besonders vom Boden her; Vogelgesang, Blumen. Ergebnis des Waldgangs: man ist erfrischt, fühlt sich wie neu geboren.

II

Man versetze sich im Geiste in eine von schwarzen Wänden gebildete dunkle Kammer. Darin hänge von der Decke eine allseits grell ausgeleuchtete große weiße Kugel. Daß auf diese Weise die Kugel nicht als Körper gesehen wird, sondern als flache Scheibe, leuchtet unschwer ein. Wie anders aber, wenn die gleiche Kugel durch ein schwaches seitlich einfallendes Licht aus dem Dunkel auftaucht! Daß es dann kaum möglich ist, sie nicht als Körper von Kugelgestalt zu erkennen, ist einleuchtend.

III

Als Kinder bereiteten wir uns mit Begeisterung das Vergnügen, über Eisenbahnschienen, Balken, Seile zu balancieren. Dabei ging es um die eigentümliche Erfahrung, daß das Gleichgewicht nur dann zu halten ist, wenn es gelingt – statt die Schiene anzustarren –, unverwandt die Ferne und Weite des Horizonts im Blick zu behalten, ungeachtet der Gefahr, dabei die Auftrittstelle für den nächsten Schritt aus dem Auge zu verlieren. Bei einiger Übung konnte man auf diese Weise beliebig lange sicher auf schmaler Spur gehen – auch und gerade über gefährliche Abgründe hinweg.

Die drei Beispiele haben etwas folgenschwer Gemeinsames. Aus dem ersten Beispiel ergibt sich: was uns erschöpft, ist die durch Gleichförmigkeit erzwungene Nicht-Inanspruchnahme der Vielfalt unserer körperlichen und sinnenhaften Fähigkeiten und Kräfte. Was uns erfrischt und aufbaut, ist deren Inanspruchnahme. Inanspruchnahme wodurch? Durch die Herausforderung von seiten vielerlei mit Unsicherheiten und Wagnissen verbundener Hindernisse. Was uns er-schöpft (leermacht), ist deren Nichtbeanspruchung oder mangelnde Inanspruchnahme, erzwungen durch die Ausschaltung von Zustandsunterschieden oder die Herstellung von Gleichförmigkeit.

Beispiel zwei ist die Übertragung dieses aus der Gehbewegung zu erfahrenden Prinzips auf den Prozeß des Sehens. Was dort die herausfordernden Unsicherheiten des Waldweges waren, ist hier die nur teilweise und schwache Beleuchtung der Kugel und die damit verbundene Verschattung auf der dem Licht abgewandten Zone und die Unsicherheit der Konturen. Wie dort die Sinne, Muskeln und Gelenke durch Gesamtbeanspruchung zur Gewinnung allseitigen Ausgleichs (genannt »Balance«) gelangten, so kommt hier das Auge durch das Teilhafte des Gebotenen zur Auslösung seiner Möglichkeiten und damit zur Erkenntnis des Ganzen der Kugel; oder der Kugel als eines Ganzen. Damit aber gelingt, daß der Mensch sich im Ganzen als ein Ganzer erfährt, denn: nicht das Auge sieht, sondern der Mensch, der »ganz Auge« ist, ist es, der sieht. Nicht das Ohr hört, sondern der ganz Ohr seiende Mensch ist es, der hört. Nicht der Körper, sondern der sich bewegende und bewegte Mensch ist es, der sich bewegt.

Das dritte Beispiel macht erfahrbar, welche Bedingung zu erfüllen ist, um Wagnisse (welcher Art immer – des Sehens, Gehens, Hörens, des Lebens selber) zu bestehen und um Herausforderungen (welcher Art immer ...) gerecht zu werden. Es ist, um es in einem Satz zu sagen, die Überwindung der Angst vor dem nächsten Schritt durch Vertrauen auf die Ferne und Hingabe an die Weite und Sich-offen-Halten gegen den Horizont, während des rechts und links geschehenen Schrittfassens: wobei dann der aufrechte Gang gelingt als ein von Schritt zu Schritt aufgefangener Fall. (Übrigens: eine gängige Jedermann-Erfahrung beim Skilauf, Rad- und Autofahren.) Die das Leben erregenden Herausforderungen haben insgesamt als gemeinsame Wurzel den Wechsel und Wandel, die Fülle der Unterschiede und die Mannigfaltigkeit, mittels derer wir selber wie die Welt, in der wir leben, als eine Einheit erfahrbar werden.

Licht ist nur dadurch Licht, daß es sich mit der Dunkelheit (dem »Nicht-Licht«) auseinanderzusetzen hat. Das Auge ist nur dadurch Auge, daß es diese Auseinandersetzung vollzieht. Das Weite ist nur weit durch das Enge, mit dem es zu tun hat. So die Wärme durch ihr Verhältnis zur Kälte; das Hohe zur Tiefe; das Oben zum Unten; der Berg zum Tal; das Linke zum Rechten. Verhältnisse, Bedingungen und Bezüge sind es, durch die etwas wird, was es ist.

Wie aber, wenn dieses All-Gefüge, in dem der Teil aus dem Ganzen, das Ganze aus dem Teil hervorgeht und alles sich mit allem in Tätigkeit hält, dort absichtlich und gezielt unterbunden und geschmälert wird, wo es uns am nächsten liegt, unser Nächstes ist und uns am ehesten trifft: in unserer Leiblichkeit, unseren Organen, Organ-Systemen und -Prozessen? Was mit einem Menschen geschieht und was aus ihm wird, wenn er von lebenerregenden und lebenerhaltenden Herausforderungen abgeriegelt wird, ist zu Forschungszwecken mehrfach von jeweils verschiedenen Ansätzen aus versucht worden.

Zum Beispiel: Verführt durch die Überzeugung, Vernunft und Sprache sei dem Menschen so eigentümlich, daß beides sich von selbst und aus sich selbst entwickeln müßte, hatte ein Staufenkaiser Waisenkinder in völliger Abkapselung und ohne Ansprache aufwachsen lassen. Erfolg: die Kinder verblödeten.

Weiteres Beispiel: Zu Beginn der Astronautentechnik versuchte man in den USA unter extremen Versuchsanordnungen herauszufinden, wie Organe physiologisch meßbar auf Nichtbeanspruchung (d.h. Lahmlegung) ihrer Funktionen antworten. (Verbringung von Versuchspersonen bei »relativer« Schwerelosigkeit in Isolierkammern von vollständiger Finsternis, Erschütterungsfreiheit, Lautlosigkeit, Temperaturgleichheit mit der Blutwärme usw.) Ergebnis: Zur Vermeidung lebensbedrohender Schäden mußten die Versuche schon nach viertelstündiger Einwirkung abgebrochen werden. Alle humoralen und hormonalen Systeme gerieten aus den Fugen (Ausfall der Steuerungen im Hormonhaushalt. Störung der kybernetischen Ausgleich-Regelungen). Dieses vor allem: Die Selbst-Steuerung des Organismus erlahmte; mit dem Ergebnis einseitiger Auswucherungen hier und Verödungen dort. Man könnte auch sagen: Das wirtschaftliche, soziale, politische Gefüge, das der Organismus, so gesehen, darstellt, geriet durcheinander.

Zu Beginn des industriellen Zeitalters vor 5 oder 6 Generationen (unseres Zeitalters also und des Heraufkommens unserer Welt) war dessen Streben seinem Ansatz nach auf das Ziel gerichtet, die bis dahin vom Menschen durch seinen Körper erbrachten Leistungen durch Maschinen zu erledigen; und vor allem zu steigern. Grundsätzlich auf allen Gebieten und um den Preis der dazu erforderlichen Energien durch Sprengung der Einheiten, in denen sie gebunden sind – bis zum Äußersten der Aufbrechung der ordnenden und bindenden Gestalten auf atomarer Ebene. An diesem End- oder Anfangspunkt sind wir heute. Dem Punkt, von dem Einstein sagte: *»Er hat alles verändert, außer das menschliche Bewußtsein.«*

Aber begonnen hatte es mit der naiven Vorstellung, dem Menschen *»das körperliche Leben zu erleichtern«*. Wie ist es aber nun weitergegangen? Da, wie wir sahen, im Leben überhaupt und im menschlichen Organismus im besonderen alles mit allem zusammenhängt, konnte die zunächst auf den Körper bezogene Industrialisierung nicht auf diesen beschränkt bleiben. Der vor 150 Jahren angetretene Generationenweg ist die weltweit gewordene Bestätigung dieses Sachverhalts. Längst ist auch die Gefühls- und Verstandes-Organik in den Sog des Beginns geraten. Mit dem Ergebnis, dessen Erscheinungsbild die drei anfangs geschilderten (und vorgestellten) ungezielten Eigenerfahrungen und die gezielten Experimente am Menschen gezeigt haben. Mit dem Unterschied, daß es jetzt nicht mehr den Menschen als einzelnen trifft, sondern den Menschen als erdbevölkerndes Gattungswesen. Da jedoch das Gesetz des Zusammenhangs von allem mit allem auch und erst recht gilt für das Verhältnis des Menschen zu der von ihm geformten und beherrschten Welt, die ja heute gemäß dem technisch-industriellen Anspruch der ganze Erdkörper ist, befindet sich mit der ganzen Gattung Mensch auch dieser im Zustand des obigen Erscheinungsbildes.

Das Organ, mit dem der Mensch solches verrichtet, ist das als letzte entwicklungsgeschichtliche Ausbildung entstandene Hirnrinden-Organ der Abstraktion. *»Gib mir einen Punkt außerhalb der Erde, so werde ich sie aus den Angeln heben«* – sagte dem Sinne nach *Archimedes*; wonach festgestellt ist, daß ein System nur aus Abstand zu ihm (oder von außerhalb seiner) gesteuert (oder gültig gesetzt) werden kann. (Für die Logik besagt das: ein System kann sich nicht selbst beweisen.) Bezogen auf den einzelnen Menschen wie auf das Gattungswesen Mensch ist der zuletzt ausgebildete Bereich in der Hirnrinde der, der das Abstandhalten von sich (oder: das Sich-selbst-zum-Gegenstand-Machen aus Abstand) leistet. Diese Leistungseigenschaft ist wirksam durch ihr Streben, den Zusammenhang, aus dem heraus sie sich entwickelt hat, abzustoßen und aufzulösen.

Der Ausgangskern, aus dem heraus sich im Laufe der Milliardenjahr-Geschichte organischen Lebens das menschliche Endhirn mit dem Abstraktionsvermögen und dem Wissen von sich, dem Bewußtsein seiner selbst, gebildet hat, ist der Hirnstamm, den der Mensch gemeinsam hat mit den anfänglichsten Arten von Lebewesen. Über die Brücke des Hirnstamms (oder Stammhirns) steht der Mensch jenseits noch des Gattungserbgutes, jenseits auch seines individuellen Anlagegrundes, unter dem Walten universaler Ordnungen und einer kosmischen, als göttlich verehrten Gesetzlichkeit, die als steuernde Muster der Symmetrie, Polarität, Zahl, Rhythmik, Schwingung, Gravitation – beginnend mit der Zell-Symmetrisierung – in den Anfangsgründen der Leibgeschichte geweblich eingeschlüsselt sind.

Die beiden äußersten Pole der menschlichen Genesis, das Abstraktionsvermögen und das Vermächtnis des Grundgeschehens, in wechselseitiger Verbindung zu halten, galt das Wirken der Kulte und Religionen: bis das Band, von seinem Ansatz her dazu bestimmt (oder verurteilt, wie die Mythen sagen), schwächer und schwächer zu werden, mit der Freisetzung der Atomkraft in *Hiroschima* 1945 den Grad von Schwächung erreicht hat, daß offenkundig wird: Durch die Leistungsweisen des verursachenden Abstraktionsorgans die Wiedergewinnung eines lebenstätigen Verbundes zu erwarten ist eine Illusion, durch die sich dieses Organ zum Entwurf von Zielvorstellungen und Zukunftsplänen auf allen Ebenen (Wissenschaft, Wirtschaft, Gesellschaft, Erziehung, Politik ...) anheizt. Der anschwellende Informationsdruck Hand in Hand mit der Auszehrung durch hemmungslos weiter wuchernde Ballungen (Zentralismus) ist folgerichtig.

Es geht um die Beherrschung der Beherrschungsfähigkeit. Diese aber ist nicht Ergebnis von Unternehmungen im Felde von Zielen und Plänen, sondern ist zufallende Frucht eines Verhaltens.

»Alles Lernen ist ein Sich-Erinnern« (Plato). Alles Erkennen ein Wiedererkennen. Diese philosophische Aussage hat ihren Grund in dem Sachverhalt,

wonach das in der Zeit sich vollziehende Wachsen und Sichausgliedern von organischem Leben als eine von Schritt zu Schritt fortschreitende Rück-Koppelung auf die zu Anfang und als Anfang angelegten und verankerten Muster vonstatten geht (ähnlich einem kybernetischen Kreisgeschehen). Nicht nur in der räumlichen Körperlichkeit, sondern auch in der zeitlichen Rhythmik hängt alles mit allem so zusammen, daß Räumliches zugleich zeitlich bestimmt und Zeitliches zugleich räumlich bestimmt ist.

Die Entwicklungsgeschichte des vorgeburtlichen Menschen zeigt beschreibbar, daß – beispielsweise – Hand, Herz, Auge, Hirnrinde jeweils einzeln aus der Einheit eines Verrichtungsganzen von Hand, Herz, Auge, Hirn hervorgegangen sind. Einer Einheit, der gemäß die Hände mit dem Spiel der Finger selbständige Denkorgane sind. Einer Einheit, der gemäß Sehen ein vegetativer Gesamtvorgang ist (Zusammenhang von Auge und Zwischenhirn); demgemäß das Gehör aus dem Wechselbezug des mütterlichen Herzens mit dem des Embryo hervorgeht. Demgemäß vor allem die letzte und äußerste Organanlage, der abstraktionsfähige Hirnrindenteil, der Einheit bedarf, in der dessen Verselbständigungsdrang und die rückbindende Lebenstätigkeit des Leibes aufgehoben sind.

Dazu bedarf es der Einschränkung der auf Zukunft gerichteten Pläne und Unternehmungen am Zügel eines Verhaltens, das sich auf die Gegenwart bezieht, in sie eingeht, dort seinen Anfang sucht und sein Ende findet. Das Nächstgelegene ist die Gegenwart. Das Nächstgelegene bin ich selbst. Es ist mit Händen greifbar. Seine Größe ist bestimmt als das mit Händen Greifbare, mit den Armen zu Umspannende. Die Kleinheit ist die Eigenschaft der Gegenwart; das Keimhafte, das Schwache. Das Zarte und Gewaltlose. Das Verhalten zur Gegenwart ist das einer Mutter zu einem Kinde; eines brütenden Vogels zu einem Ei. Es ist nicht zu fragen: »Was ist zu unternehmen?«, sondern es ist wahrzunehmen, was geschieht. Es ist wahrzunehmen. Es ist zu wahren. Das Zielen nach einem »Später« ist an den Zügel dessen zu legen, was geschieht. Die Entwicklungsdynamik des vorgeburtlichen Organismus zeichnet sich dadurch aus, daß keines seiner Organe sich anlegt zum Zwecke später zu erfüllender Funktionen. Organe entstehen nicht (wie bei Maschinen) für Funktionen, sondern durch und als Funktionen. Kein Später, das nicht in einem Früher seine Quelle und seine Mündung hat.

Durchaus in Entsprechung zu diesem Gesetz organischen Geschehens hat das Fragen nach Wirkung jenseits des gegenwärtig Notwendigen und der Bedürftigkeit des Augenblicks, hat das Absehen auf das Große, die Masse – keinen Sinn. Sinn hat und ist die Haltung des Mannes, der, wissend, daß morgen die Welt untergeht, dennoch und erst recht heute einen Baum pflanzt;

sein Haus bestellt; seine Schulden bezahlt. Die Haltung eines solchen Mannes wird – sofern sie in einem einzelnen oder in einer Gemeinschaft von einzelnen lebendig ist – Sorge tragen, Anstalten zu errichten, in denen alle der Leibeinheit des Menschen zugeordneten Bedürfnisse wahrgenommen werden. »Wahrgenommen« in der Doppelbedeutung des Wortes – von Erkennen und Wahren.

Anstalten des Gegenwärtigmachens der Gegenwart. Anstalten (Bedürfnisanstalten sozusagen), in die man eintritt – jung und alt –, um – beispielsweise – seinen Augen ihrer Gesetzlichkeit gemäß (vgl. die Erfahrung mit der Kugel) zur Inanspruchnahme zu verhelfen. Wo man mit nichts sonst als mit Hilfe seiner eigenen Augen sehend wird. Eine Anstalt, in der ein Raum des Klangs gebührend eingegliedert ist: in dem durch Anschlagen von Gongs, von Trommeln, mit Saitengeräten Klänge und Rhythmen erzeugt werden. Die – der umfangreichen Wirksamkeiten von Klängen entsprechend, leibtätig werden, dadurch, daß ihre Schwingungen je nach ihrer Frequenz und Stärke gewissen Körperzonen zugeordnet sind (Kopf-Hals-Brust-Bauch ...).

Auch müßte ein solches Gehäuse von Klangzellen mit einer offenen Werkstatt zur Selbstherstellung urtümlicher leibnaher Klangzeuge versehen sein. Öffentlich benötigt wird ein Gang-Boden von Stein, Holz, Keramik, Ziegel, Geflecht, reliefartig erhoben, mit einem Auf und Ab, mit Engung und Weitung – auf dem durch Barfußgehen ähnliches erfahrbar wird wie beim Wandern über den welligen Sand eines Strandes. Öffentlich benötigt werden Anlagen, die ausgestattet sind mit Schwingungszurichtungen und -geräten, mit Pendelgerüsten, Schaukeln, Wippen, rotierenden Scheiben, Balance-Kugeln und dergleichen.

Benötigt werden offene und überwachte Stätten, in denen der Besucher gehend, sitzend, liegend, stehend Umgang halten kann mit den Elementen Feuer, Wasser, Luft; und mit Licht und dessen farberzeugendem Ringen mit der Dunkelheit. Über dem Eingang des Tempels zu *Delphi* stand eingemeißelt:

»Mensch, werde der Du bist.«
»Mensch, erkenne Dich selbst.«
»Mensch: Sei!«

Benötigt wird ein neues Delphi. Benötigt wird das Selberbauen eines Delphi. Wobei die Erfahrung wirksam wird, daß das Bauen der Bau ist. Freiwillige, die willens sind, sich zu bauen, indem sie bauen, sind aufzurufen! Sie schaffen von Bauhütten aus unter Anleitung erfahrener Fachleute, die in Altersheimen hocken und warten auf solche Gelegenheit, ihre Erfahrung weiterzugeben. Öffentlich benötigt werden Hallen des Widerhalls. So, wie wir als Kinder in

Tunnels, Brunnenschächte, in den Wald und ins Gebirge riefen und mit Alphörnern tönten, um das Echo zu locken, das uns erfahren läßt: *»Du bist nicht allein!«*

Öffentlich benötigt werden Stationen, in denen der Mensch dadurch zur Wahrnehmung der universalen Gesetzlichkeit seines leiblichen Seins, seiner »inneren Natur« gelangt, daß er alle Gelegenheit wahrnimmt, sie wiederzuerkennen in der Gesetzlichkeit der »äußeren Natur« von Physik, Mechanik, Erd- und Wettergeschehen und dem Bios.

Öffentlich benötigt sind Gelegenheiten zum sinnhaften Umgang mit den Erscheinungen, durch die die Gesetze der Polarität, der Symmetrie, der Periodik, des Magnetismus zu unmittelbarer Leibwirksamkeit anschaulich werden. Benötigt sind solche delphihaften Anlagen, um als Studienstätten für den Bau von Kindergärten, Heimen, Schulen, Bauten des Heilwesens, von Fabriken, Büros, Universitäten und – nicht zuletzt – des Wohnens überhaupt in lebensgemäßer Gestaltung zu dienen. Nur der Mensch, der aus der Erfahrung der Gesetzlichkeit seines Leibes lebt, ist aus der so gewonnenen eigenschaftlichen Veranlagung heraus fähig, das Welt- und Erdgeschehen deren Gesetzlichkeit entsprechend geschichtlich zu machen.

Es ist eine Illusion, die verfahrene Welt in Ordnung bringen zu wollen mit der Einstellung, mit der sich Unfälle der Industrietechnik beheben lassen. Dazu bedarf der Mensch der Erweckung des den Bedürfnissen seines Leibes eingeborenen Bewußtseins, das sich der Welt und der Erde gegenüber ebenso wirksam verhält wie die Organe und Organsysteme seiner physischen Natur untereinander.

Öffentlich benötigt sind Gaststätten, in denen der Mensch durch das Mahl am Tisch einer gesund gewahrten Erde die gleiche Anverwandlung der Natur erfährt, die seine Sinne ihn wahrnehmen lassen.

* Abgedruckt in: Züricher Forum-Kurier, Zürich, April 1978

Ein Entwurf: Das Erfahrungsgelände in Cappenberg

Angewandte Anthropologie in den hochindustrialisierten Gesellschaften

Wir bringen an diesen Stationen im Umgang mit Naturgesetzlichkeiten die Vermögen der Natur in uns und unser Wissen über beide hervor. Ihr objektiver Charakter lädt zur zwischenmenschlichen Verständigung ein, zu Kritik und Selbstkritik, zu »integrativem« und schöpferischem Vorstellen und Lernen; aber diese Erfahrungen sind un-ideologisch, weil sie nicht von abstrakten Sätzen abgeleitet werden können, sondern – umgekehrt – eher aus eigenem Wirken und Wahrnehmen zu bestimmten Übertragungen ins Allgemeine führen.

Das Projekt ist in anthropologischen Grundmodellen begründet: aufrechter Gang, greifende Hand, Orientierung durch Gehör, Tasten, Gleichgewichtssinn usw., Auge-Hand-Feld und andere mehr. Die Angebote gehen von der Übung der Balance auf Stegen und Balken über Sonnenstandsbestimmungen und Demonstrationen von komplizierten Pendelrhythmen in Großformat bis zur Sensibilisierung für Schallwirkung auf die Haut. Sie werden zum großen Teil nach Hugo Kükelhaus gebaut, der bei der Weltausstellung in *Montreal,* bei Wanderausstellungen und in Zusammenarbeit mit Schulen, Krankenhäusern und Museen, besonders in der Schweiz, große Wirkung auf Publikum und Verantwortliche entwickelt hat.

Das Projekt zielt darauf, die besonderen Prägungen dieser existentiellen Bestimmungen des Alltags in hochindustrialisierten Gesellschaften nach bestimmten Tendenzen und Typen zu erfassen und mit anderen Kulturen zu vergleichen, im Sinne z.B. von *Margaret Mead* und *Gregory Bateson*. Es dient zugleich als Angebot an das Publikum. Theoretische Analysen und empirische Studien weisen darauf hin, daß die grundsätzliche Erweiterung der Möglichkeiten menschlicher Entwicklung und Entfaltung durch die Industriegesellschaften tatsächlich mit einer starken Verarmung an sinnlicher Wahrnehmung, an sinnlich-praktischem Wissen und Gestaltungsvermögen und an den auf diesen Tätigkeiten aufbauenden seelischen, geistigen und sozialen Fähigkeiten einhergehen.

Jede Station des Projekts bietet in konzentrierter Form besonders intensive Bedingungen für die Erfahrung der einzelnen Sinne. Aber sie wirkt zusammen mit dem gesamten Menschen, d.h. als ganzheitliches Erleben. Die Stationen sind auch ein erfahrbarer Zugang zu einem weiten Horizont wissenschaftlichen und praktischen Wissens. Sie vermitteln zugleich Beziehungen zur Natur wie zu anderen Menschen, mit denen die Situationen im Austausch angeeignet werden können. Alle traditionellen Kulturen haben entsprechende Stätten und Übungen gekannt; sie waren nicht nur Mittel esoterischer Wissenswege, sondern immer auch Teil von »Volkserziehung« und Hygiene, eingebaut in kultische, rituelle, religiöse Handlungen.

Damit werden exemplarische Möglichkeiten geschaffen, in anschaulich erfahrbaren Zusammenhängen Wissen über die Natur, über sich selbst und über Verhaltensentwicklung zu erwerben: *Lernen* im Zusammenhang einer ästhetisch-politischen Erziehung oder Leibpädagogik.

Gleichzeitig werden unterforderte oder ermüdete Funktionen der Menschen physiologisch belebt und zum Ausgangspunkt auch psychischer Belebung, Ausbildung schöpferischer Kräfte: *Ausgleich,* besser: angeleitete Selbsterziehung des ganzen Menschen.

Die Begegnung mit derart neu belebenden Situationen und die Erfahrung von inneren Funktionen und Rhythmen des Leibes erlauben, ein kritisches Bewußtsein gegenüber eigenem Fehlverhalten und falschen oder schädigenden Bedingungen im gesamten Alltag auszubilden: *Gesundheitserziehung im* positivsten und grundlegendsten Sinne.

Forschung und Erprobung zeigen, daß auch bei Schädigungen struktureller Art und für Behinderte, durch notwendige Anreize für unterentwickelte Funktionen und neue Beziehungen zur Umwelt, Sicherheiten aufgebaut werden können: *Heilen.*

Das Projekt ist für ein Freigelände im *Ruhrgebiet** konzipiert. Als Teil eines beliebten Erholungsraumes wird es gezielt oder in beiläufigem Entdecken für 2,5 Millionen Menschen in einer Entfernung von unter 50 km zu erreichen sein. Ein wissenschaftliches Forschungs- und pädagogisches Begleitprogramm haben die Aufgabe, anzuleiten und zu vertiefen, aus den Erfahrungen mit dem Modell Veränderungen der Angebote zu entwickeln und durch empirische Studien Bedingungen und Wirkungen des Besuchs in der Lebens- und Sozialgeschichte der Benutzer zu erforschen.

Die hochindustrialisierten Gesellschaften haben mehr und freiere Möglichkeiten geschaffen, unsere menschliche Existenz mit der Natur um uns zu verbinden und in uns zu entfalten. Diese Möglichkeiten sind in der Entlastung von

* Das Projekt wird zunächst für den Schloßpark *Cappenberg* vorgestellt, der dafür angeboten wird und sich besonders eignet. Ob es dort – oder aber an anderer Stelle – zur Durchführung kommt, ist noch eine Frage der Finanzierungsquelle und -form.

Verausgabung und Störung durch körperliche Arbeit begründet. Erfindungen und Entdeckungen öffnen Wege zu immer mehr Vielfalt freier Betätigung, damit auch der Entfaltung menschlicher Vermögen und Beziehungen.

Die hochindustrialisierten Gesellschaften bieten aber in der Wirklichkeit von Arbeit, Lernen, Freizeit, Transport, Wohnen, Konsum usw. immer weniger Beziehungen zur Natur in einem täglichen Leben an, das jedoch immer intensivere, wenn auch abstraktere Ansprüche stellt. Die Möglichkeiten sind da, aber nur theoretisch. Praktisch fehlen Anregungen, Erfahrungen, Wissen immer mehr. Auf diesen Mangel lassen sich wesentliche Probleme der Industriegesellschaften von der vegetativen Störung über Apathie und Isolation bis zum Streß, z.B. auch als sogenannter Schülerstreß, zurückführen.

Das Erfahrungsfeld soll diesen Bruch zu überwinden helfen mit Angeboten, die Zugänge und tief erfahrene, zum Teil auch dem Verstand bewußte Verbindungen greifbar machen, wo der Alltag sie immer mehr vorenthält. In den Stationen kann man die Natur um uns zugleich mit der Natur in uns kennenlernen, z.B. die Wirkungen der Schwerkraft an Pendeln und an Schaukeln, die unseren Übungen des Gleichgewichtssinnes entsprechen. Die Tätigkeiten unserer Sinne sind physiologisch und geistig-seelisch die Grundlagen auch für ein Verhalten und sogar Denken – wie neueste naturwissenschaftliche Forschung zeigt – in sinnvollen Funktionszusammenhängen. Das Feld soll – »be-greifend« – Naturwissen im Goetheschen Sinne, d.h. Selbsterfahrung und Naturerkenntnis und soziale Haltung gemeinsam anregen, fordern, fördern und entwickeln helfen. Je nach Vorgehen und Bedürfnissen haben die Anlagen Rekreations-, Spiel-, Lern- und Therapiecharakter, und zwar für alle Altersgruppen. Unter Umständen finden hier gerade Menschen verschiedenen Alters zu gemeinsamer Tätigkeit an gemeinsamen Interessen zusammen.

Hugo Kükelhaus sagt: *»In der Natur gibt es Fortentwicklung und Anpassung an veränderte Verhältnisse nur durch fortschreitende Rückbindung an die ererbten Anfänge der Entwicklung. Für das mit Bewußtsein von sich selbst ausgestattete Wesen, das der Mensch ist, gilt das in erhöhtem Maße: Die Bedingung aller Fortsetzung der Lebensprozesse, allen Wachstums und aller Veränderungen ist die systematisch betriebene Rückbindung auf die Grundschichten der Entstehungsgeschichte.«*

In traditionellen Gesellschaften war diese Rückbindung teils durch die körperliche Arbeit und Naturaneignung bei allen ihren Mitgliedern, teils durch die kultische Verbindung und meditative Vertiefung sinnlich-geistiger Erfahrungen weitgehend gesichert. Die Befreiung der Menschen von der Last und Unmittelbarkeit jener Lebensverhältnisse durch arbeitssparende Technologien führt in der bisherigen Form zugleich zum »Lebensentzug«, weil die bewußte Arbeit an den Tiefenschichtenvermögen auf dem hohen Niveau der Zivilisation selbst in den »Ausgleichsbereichen« wie insbesondere dem Sport und der übrigen »Freizeitkultur« noch ausbleibt.

Dabei sind die Grundschichten nichts Abstraktes, sondern das materiale, geweblich verankerte Regelgefüge, durch das sich der menschliche Organismus – wie alles organische Leben – selbst steuert, das aber beim Menschen auch Grundlage seiner seelischen Dynamik wie selbst des abstrakten Denkens ist.

Das menschliche Abstraktionsvermögen ist die Bedingung dafür, daß sinnlich anschauliche Erfahrungen übertragbar gemacht und weitergedacht werden können, aber es ist nicht ein für allemal von ihnen unabhängig geworden. Auch die sozialen Beziehungen der Menschen zueinander müssen, bei aller sprachlichen Kommunikation, »von Angesicht zu Angesicht« und an gemeinsamen gegenständlichen Erfahrungen entwickelt werden, wenn sie nicht zu unverbindlichen Formeln und unkontrollierbarer Sozialtechnik degenerieren sollen.

Angesichts der gegenwärtigen Probleme auf sozialem Gebiet – wie Kontaktarmut, Schulstreß, Frühinvalidität, Jugendkriminalität usw. –, auf dem Gesundheitsgebiet – wie Vegetationsstörungen, Kreislaufschwächen usw. –, auf dem ökologischen Gebiet sollen die Stationen des Erfahrungsfeldes jeweils bestimmte Organe und Sinne besonders auf ihre Funktionen konzentriert zu beobachten und zu stärken ermöglichen: *»Die Fähigkeit des Menschen, seine Welt im Einklang mit der Gesetzlichkeit universaler Ordnungen zu gestalten, kann nur dadurch vor Versagen bewahrt und wirksam erhalten werden, daß er sich diese Gesetzlichkeiten als die seines eigenen Organismus zu Bewußtsein bringt. Die Entwicklung dieses Bewußtseins ist der Schlüssel zur Beherrschung der Naturbeherrschung.«* (Kükelhaus).

Die »Versuche und Spiele zur Entfaltung der Sinne« geben den Besuchern zu unmittelbarer Belebung wie zur Entfaltung eines entsprechenden Bewußtseins für sich selbst und die Umwelt Gelegenheit. Das wissenschaftliche Begleitprogramm bildet eine Grundlage, von der aus auch das Bewußtsein der Wissenschaft und der Öffentlichkeit an präziseren Aussagen über Zusammenhänge zwischen Umwelt und Befindlichkeit sowie an soziokulturell spezifischen Fallstudien objektive Kriterien für die Gestaltung der Lebenswelt erhalten wird. Cappenberg würde, mit einstweilen bescheidenen Mitteln, ein Gegenstück z.B. zum Deutschen Museum auf dem Gebiete der menschlichen Sinnesvermögen, Organfunktionen und Gestaltungspotentiale. Es würde einen anderen, für die gesamte Lebenseinrichtung verbindlicheren Charakter entwickeln, aber als Panorama der menschlichen Wahrnehmungen z.B. Frank Oppenheimers weltberühmtem Museum in *San Francisco, The Exploratorium,* eine vergleichbarere Konzeption gegenüberzustellen erlauben.

Bildteil *Zweite Sequenz*:

Einbettung der Erfahrungsfeldstationen in das Gelände

Die ersten Stationen des »aufrechten Ganges« mit Balancieren und Pendeln gehen in die Stationen des Schaukelns und Schwingens, des greifenden Fußes« (Schule des Gehens) und der »greifenden Hand« über. Gleichzeitig bewegt man sich der Höhe des Geländes mit den übrigen Stationen entgegen.

WILDPARK

Die ersten Stationen zum Balancieren und Beobachten von Pendeln werden überragt durch zwei große Phänomengestalten: Das Dreizeitenpendel (links) wird vom Boden her in Gang gebracht und schwingt im Rhythmus der drei Kugeln. Die Doppelhelix (rechts), die zusammengesetzte Bewegung der inneren und äußeren der aufwärts und der abwärts sich drehenden Windungen, zieht den Blick und die Aufmerksamkeit wie ein riesiger metallener Strudel auf sich.
(Vgl. Stationen 3 und 6, S. 80-81 und S. 84-87)

Die Station 8, die »große Balancierscheibe«, bietet vielen gleichzeitig und gemeinsam Möglichkeiten des spielenden Übens. (Vgl. S. 90-91)

Beobachtet man die Pendel nur von außen, so vermitteln die Schaukeln eine Erfahrung der Pendelwirkungen am eigenen Leibe. Bei der Partnerschaukel bringt das Schwingen des einen Partners den anderen auf einer gegenüberschwingenden Schaukel mittelbar in Bewegung, bis schließlich dessen Bewegung den ersten mit sich zieht. Beide Schaukeln sind über eine Aufhängung miteinander verbunden.
(Vgl. Station 12, S. 98-101)

Eine der Stationen, die im Park errichtet werden könnte: Schule des Gehens mit den Wasserkaskaden des wirbelnden Gefälles. (Vgl. Station 15, S. 106-109)

Beschreibung der Stationen

Einführung

Die im folgenden beschriebenen Stationen werden nur einen Teil der *»Schule der Sinne«* bilden. Dieser Teil macht die Hauptsache dessen aus, was in »Stationen« angeboten werden soll, obwohl die Reihe offen ist. Dieser Teil ist auch der wesentliche. Weitere Stationen dürften mehr und mehr der Vertiefung, der Abwandlung und dem Vergleich dienen. Eine Gruppe von Erfahrungen, die hier noch nicht umfangreich einbezogen sind, wird freilich eine Verbreiterung auch dem Charakter der Angebote nach darstellen. Dies sind die Dinge, die mehr der Anschauung nach Art naturwissenschaftlicher Experimente dienen.

Eine bedeutende Anzahl ist bereits für den Turm, die »Station 33«, vorgesehen und dort aufgeführt. Viele andere sind aber darüber hinaus wünschenswert. Das zeigt die eingehende und begeisterte, also auch innerlich und erfinderisch, entdeckerisch wirksame Beteiligung von Jugendlichen z.B. an Wettbewerben wie *»Jugend forscht«*. Das zeigt aber auch die außerordentlich lebhafte Aufnahme z.B. des *Exploratorium* in San Francisco beim Publikum, das inzwischen zu einem wichtigen Anteil die Kosten für Exponate und Betreuung in Form freiwilliger Spenden aufbringt.

Dennoch werden solche Stationen mit mehr distanziertem Experimentcharakter den andern Teil, der Wirkungen in uns selbst zu vollziehen und aus uns heraus zu entwickeln erlaubt, nur ergänzen und verbreitern. Diese Ergänzung und Verbreiterung halten wir indessen für notwendig, weil sie den objektiven Charakter auch der anderen Stationen betonen helfen. Mißverständnisse in der Richtung von weltvergessener »Selbsterfahrung« sollen vermieden und verhindert werden.

Außerdem sind jene Vorgänge, die man mehr unbeteiligt betrachtet wie die Erzeugung eines Dopplereffektes, die Umsetzung von Schall in Lichtimpulse usw., pädagogisch gesehen wichtig. Sie ermöglichen den Besuchern, sich auf die dargebotenen Vorgänge einzulassen, ohne sich selbst sofort innerlich beteiligt oder gar in Frage gestellt zu fühlen. Das kann für manche eine notwendige erste Stufe der Auseinandersetzung auch mit den anderen Stationen sein, an denen einem der Schall der Gongs »unter die Haut« dringt oder ein Balanceakt eigene Geschicklichkeit gleich für den gesamten Körper abverlangt. Das kann auch ein willkommener Augenblick sein, während dessen man tätig bleibt, aber sich zwischen intensiven Erlebnissen stärker zurückhalten möchte.

Daß gerade solcher Wechsel gefördert werden soll, braucht nicht noch einmal ausführlicher betont zu werden.

Im Unterschied zu den großen Ausstellungen solcher oder ähnlicher Stationen, die zeitlich begrenzt und in gewöhnlichen Ausstellungsräumen stattgefunden haben, wird in dem Freigelände des Parks das teilweise Unvermittelte und Technische von »Geräten« vermieden werden. Die Stationen sollen nach Bauart und Material aus der Landschaft heraus entwickelt und gestaltet werden. Vergängliche Materialien wie Holz und Stein, an denen sich also eine Entstehungs- und Bedingungsgeschichte in typisch prägender Weise niederschlägt, haben Vorrang. Entscheidend ist aber, mehr noch als Bild und Stoff der Verwirklichungen, die Fülle möglicher inhaltlicher Zusammenhänge mit der umgebenden Natur.

Wir beschreiben hier noch nicht, welche Wahrnehmungen die Stationen vorbereiten und weiterführen in den Alltag, wie er jedenfalls älteren Menschen aus ihrer Kindheit fast selbstverständlich in Erinnerung ist. Einige Andeutungen fordern zu eigenen Vorstellungen auf. Das Riechen z.B. soll nicht nur an der »Riechorgel« auf systematische Unterscheidungen geschult und im »Kräutergarten« historisch geübt werden. Vielmehr gehören eine Fülle von Eindrücken im ganzen Park zu dieser Station, die nach Jahres- und selbst nach Tageszeiten ganz verschieden sein können wie der Duft frischen Heus, der Geruch modrigen Herbstlaubs, das Schnuppern im Feuer gerösteter Kartoffeln oder der leichte Ekel vor den Duftschwaden der Faulbeerblüte. Die Balanceerfahrungen werden sich in Klettern auf Bäumen und gezimmerten Gestellen, im Gleiten eines Bootes über das Wasser oder eines Hängesitzes an der Rutschbahn fortsetzen. Noch deutlicher als bei den »experimentellen« Stationen, wie sie oben vom Exploratorium beschrieben worden sind, wird hier auch der Reiz eines Risikos für die eigene Geschicklichkeit eine lebhafte Funktion übernehmen.

Solcher Reiz soll nun gerade auch Übergänge schaffen helfen zwischen schon vertrauten Erfahrungen, etwa den Balancekunststücken von Kindern und Jugendlichen auf dem Fahrrad, und den konzentrierteren Erprobungen der Balancescheiben – wenn diese nicht überhaupt ähnlich aufgenommen werden. Um an den vertrauteren Erfahrungen nun auch Zusammenhänge zu weniger Vertrautem oder Unbekanntem bewußter entdecken zu lassen, sollen tatsächlich z.B. Fahrräder auch hier zur Verfügung gestellt und zu bestimmten Aufgaben angereizt werden. So kann man mit dem Rad durch eine Pfütze fahren und mit der Feuchtigkeit auf einem trockenen Boden Schlangenmuster damit zeichnen, im Stehen fahren und dabei verschiedene Gewichtsverlagerungen erproben usw. bis hin zu Übungen von mehreren miteinander.

Entsprechend sollen auch Verbindungen zu Alltagserfahrungen anderer Zeiten und Kulturen zugänglich werden. Verschiedene Arten von Duellen im Balancieren auf einem Boot z.B. sind aus unseren Volksfesten zum Teil noch bekannt. Vereinzelt finden sich noch Kirchen, in denen die schweren Glocken durch rhythmisches Ziehen an den Seilen, ja, ein Auf- und Niederspringen mehrerer junger Menschen gemeinsam geläutet werden, wie es früher überall üblich war. Dazunehmen kann man dann den Umgang mit den lattenartigen Klanghölzern, die griechische Mönche in ihren Klöstern anschlagen, um die Brüder zur Messe zu rufen. Gehöhlte Baumstämme als Trommeln, wie sie in verschiedenen außereuropäischen Kulturen vorkommen, setzen die Reihe fort. Besonders weit wirken solche Erlebnisse nach, wenn sie in eigenen Arbeiten an der Herstellung der Klangkörper, Balancierstege oder was immer zu intensiven Erfahrungen mit dem Material und seiner Wirkung sowie den Bearbeitungsvorgängen und ihrer Wirkung durchgearbeitet werden können. Das wird unter dem Stichwort Werkstätten noch einmal aufgegriffen.

So werden Übergänge aus dem Alltag, auch aus einem heute nicht mehr oder bei uns so nicht zu vollziehenden Alltag, in die besonderen Bedingungen der Stationen in beiden Richtungen vollzogen: nämlich auch so, daß aus den Stationen und der Beschäftigung mit ihnen, bzw. anschließenden Arbeiten und Übungen, Anregungen in den eigenen Alltag der Besucher mitgenommen werden. Zur Hilfe bei solchen Übungen sind Anleitungen und Spiel-, vielleicht auch schon Übungsgruppen vorgesehen. Sie haben die Aufgabe, nicht etwa vorgegebene Benutzerziele zu trainieren, wohl aber spontan sich nicht erschließende Umgangsmöglichkeiten schrittweise vorzuführen und entdecken zu lassen. Dabei werden Besucher, die vielleicht durch bestimmte Konditionierungen in ihrer tätigen Phantasie beschränkt sind, gerade auf mögliche »Umwege« mit eigenen Reizen und Schwierigkeiten aufmerksam werden. Dadurch werden auch Zusammenhänge der Vorstellung und Erlebnisweise zu bekannten Naturgesetzlichkeiten z.B. hergestellt werden, die dem Pendeln auf der Schaukel neue Bedeutung geben, weil plötzlich ein immer empfundener »Schwerpunkt« auch eine physikalische Erklärung und Funktion gewinnt usw.

Neben den Stationen ist wesentlich ein Bereich der »Schule der Sinne«, der hier ebenfalls nur angedeutet wird. Die Übergänge zu eigener hervorbringender Tätigkeit, in Werkstätten insbesondere, aber auch beim Kneten von Brotteig und beim Backen, beim Bearbeiten und Formen von Ton und vielen anderen Erfahrungen mehr. Diese Einrichtungen hängen vor allem von der Anleitung und von dem verfügbaren Material ab und brauchen deshalb weniger nachdrücklich in einer Beschreibung besonderer »Stationen« dargestellt zu werden. Grundsätzlich ergibt sich die Notwendigkeit zu solchen Möglichkeiten aus den Sinnesorganen selber, wenn die greifende Hand fühlen, greifen, tasten, formen will oder wenn Klang hervorgebracht werden muß. Möglichst vielfältig soll aber auch zu eigenem Eingreifen in die Situationen angeregt werden, wo sich dies erst auf einem Umwege ergibt. So werden neben den Teichen Kieselsteinchen liegen, die man flach über das Wasser flitzen lassen oder mit den Zehen greifen und auf der Wasseroberfläche Ringe bilden lassen kann.

Zwei weitere Bereiche kommen in dieser Veröffentlichung nur im Zusammenhang mit den Forschungs- und Begleitprogrammen des Anhanges zum Ausdruck, an denen selbstverständlich besonders viel gelegen ist. Dies sind einerseits pädagogische Aufbereitungen, die Schulen, Heimen, Kursen und anderen Gruppen Material für gezielte Vorbereitungen des Besuches und zu seiner Nachbereitung bzw. für seine Wiederholungen an die Hand geben sollen. Andererseits sollten die Anregungen zur Entfaltung von leiblicher Sensibilität und Geschicklichkeit, die im Umgang mit dem Gelände wach werden, in angeleiteten Übungsgruppen auch ohne äußere Veranstaltungen, also aus dem Üben des Körpers allein weiter verfolgt werden. Dazu sind Kurse von erfahrenen Lehrern und Therapeuten in den verschiedensten Richtungen abwechselnd und nebeneinander erforderlich. Die Breite sollte von uralt erprobten Traditionen in authentischer Schule, etwa in *Aikido* oder *Tai Chi,* bis zu den verschiedenen Übungen aus den Schulen von *Alexander, Reich, Perls* usw. reichen. Dazwischen sind durchaus sportähnliche Traditionen wie das bretonische Boxen mit aufzunehmen, rituelle Tänze oder besondere künstlerische Anleitungen.

In diesen wie in den Werkstattätigkeiten werden entscheidende Dimensionen der »Schule der Sinne« zu gewinnen sein. In den Beschreibungen nehmen vorerst die gegenständlichen Bereiche den Hauptraum ein, weil es auch noch darum geht, für deren Einrichtung um Aufgeschlossenheit, Interesse, Freunde und Unterstützung aller Art zu werben. Es soll aber auch an dieser Stelle hervorgehoben werden, daß zu den natürlichen Aufgaben der *»Schule der Sinne«* über die Anregungen im Gebrauch hier die des Vorbildes und der Beratung von ähnlichen Stätten an anderen Orten gehören. Solche Stätten sollen immer als ein Wirkungszusammenhang von Stationen, Führungen und Anleitungen, Kursen und Vertiefungen in den verschiedenen Richtungen, von Umfeldern und Beziehungen zu ihnen begriffen werden. So wird es auch darauf ankommen, unsinnige, irreführende Herauslösung von Teilaspekten nach Möglichkeit zu verhindern. Denn diese »Schule der Sinne« soll gerade anderwärts Zerstreutes, Fragmentiertes, Instrumentalisiertes, Unverständliches und Einseitiges wieder in die notwendigen Wechselwirkungen und Bedeutungszusammenhänge aufnehmen helfen.

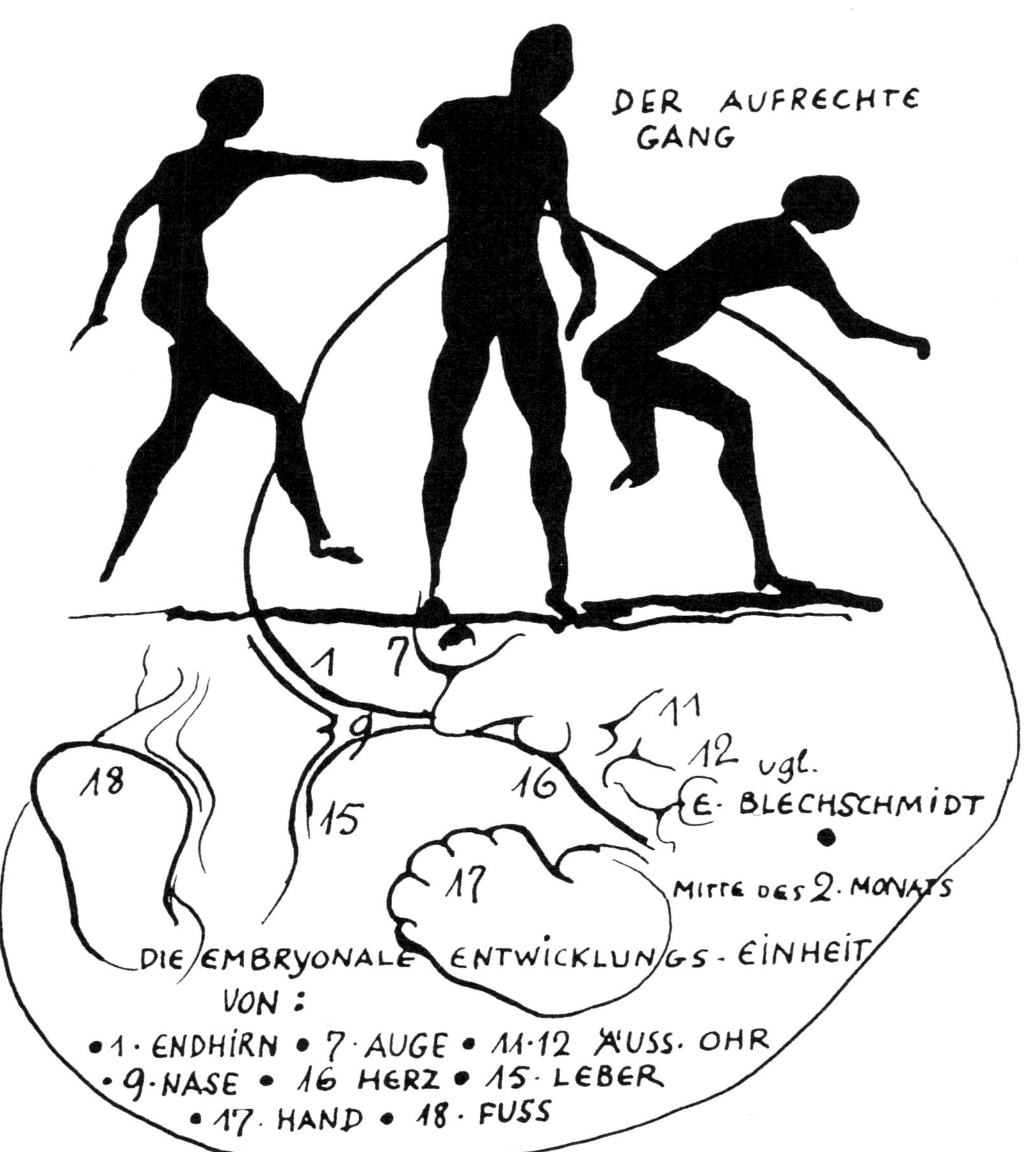
DER AUFRECHTE GANG
1
7
9
11
12 vgl.
E. BLECHSCHMIDT
18
15
16
17
MITTE DES 2. MONATS
DIE EMBRYONALE ENTWICKLUNGS-EINHEIT VON:
• 1. ENDHIRN • 7. AUGE • 11.12 ÄUSS. OHR
• 9. NASE • 16 HERZ • 15. LEBER
• 17. HAND • 18. FUSS

»Aufrechter Gang«

Der erste Bereich ist dem »aufrechten Gang« gewidmet und umfaßt die Stationen 1 bis 15. Im »aufrechten Gang« sind entwicklungsgeschichtlich die besonderen Bedingungen entstanden, die zu den spezifischen Vermögen des Menschen geführt haben. Der Gang auf zwei Beinen machte die Hände und Arme zum Tasten und Greifen frei. Die erhobene Kopfhaltung gab der Entwicklung des Gehirns Raum, die sich gleichzeitig mit der »greifenden Hand« vollzog. Sie gab die Möglichkeit zu weitem Überblick und begründete damit die inzwischen alle anderen Sinne überragende Rolle der Augen für Orientierung und Bestimmung. Der »aufrechte Gang« ist besonders mit dem Gleichgewichtssinn verbunden, den sich die Menschen im Alltag der Industriegesellschaften mehr und mehr durch visuelle Orientierung zu ersetzen gewöhnen. Das Gleichgewicht im zweibeinigen Gang und Stand ist weniger stabil als das der Vierbeiner, gefährdeter als das der im Wasser lebenden Wesen. Es bildet sich immer neu in den stets wechselnden Haltungen und Situationen der Menschen, indem wir auf ganz grobe wie auf ganz feine Veränderungen der Erdanziehungskraft und ihrer unterschiedlichsten Wirkungsbedingungen reagieren.

In dieses außerordentlich komplexe Gleichgewicht sind die weiteren Sinneswahrnehmungen, Organfunktionen und Bewegungsmöglichkeiten der Menschen einbezogen. Sie sind nur im ausgewogenen Zusammenspiel mit dem beweglichen Gleichgewicht des aufrechten Ganges und aller anderen, uns Menschen aufgrund dieser Haltung möglichen Stellungen und Bewegungen zu vollziehen. Greifen und Heben wie Fühlen und Stoßen setzen ein jeweils anderes Gleichgewicht des ganzen Körpers voraus. Auch das Sehen erfordert bestimmte Stellungen des Kopfes und damit des ganzen Körpers. Selbst Hören und Riechen hängen von einer geeigneten Körperhaltung soweit ab, daß wir uns einer Quelle zuwenden oder zur Konzentration auf die Wahrnehmung den übrigen Körper entspannen.

Auch in der Lebensgeschichte jedes Menschen sind die gattungsgeschichtlich »älteren« Sinne wie Riechen und Fühlen, aber auch Hören und Sehen vor dem aufrechten Gehen ausgebildet und erhalten mit der freien Bewegung im Raum neue Bedeutung. Dabei kommen im Laufe der Kindheit in unserer europäisch-nordamerikanischen Geschichte die »älteren« Sinnesvermögen zugunsten der Leistungen bei Fortbewegung und Orientierung, besonders durch das einschätzende Auge, zu kurz. Der Gleichgewichtssinn etwa wird als funktionierend

vorausgesetzt, aber nur noch bei gelegentlichen Spielen oder Übungen oder gar nicht weiterentwickelt; d.h. wir neigen zu einer Rückentwicklung mit zunehmenden Jahren. Um dem entgegen das Grundgleichgewicht in seinen zahllosen Wandlungen wieder sicherer zu bestätigen und zu empfinden, werden die entsprechenden Stationen als Belebung für den ganzen Leib an den Anfang gestellt.

Aufmerksamkeit und Sicherheit, die wir mit den ersten Schritten im Gelände erwerben, setzen sich im Fortschreiten fort.

Diese Belebung schafft die Bedingungen dafür, daß auch die weiteren Stationen, in denen wir uns auf Wahrnehmung und Begreifen mit je einem der »fünf Sinne« konzentrieren, vom ganzen Menschen erfahren werden. Entsprechend der typischerweise in unserer Kultur, insbesondere heute, vergleichsweise gering ausgebildeten Sensibilität wird eine solche Belebung zunächst durch Aufforderungen zur lebhaft raumgreifenden Bewegung aller Glieder angeboten.

Alle Stationen sollten so erfahren werden, daß die Aufmerksamkeit sich auch auftretenden Erinnerungen aus dem übrigen Leben – positiv wie negativ – zuwendet. Auch im umgebenden Park mögen sich ähnliche Erfahrungen einstellen.

Kettensteg

Die *Station 1* hat sogenannten groß-motorischen Charakter. Auf dem Kettensteg balancieren wir mit Armen, Rumpf und Beinen, um den unerwarteten Bewegungen der Balken gegeneinander zu folgen, aus denen die Brücke gebaut ist. Ein beiderseitiges Geländer gibt Haltemöglichkeiten. Von ihnen sollte aber möglichst wenig Gebrauch gemacht werden, damit wir uns nicht nur mit den Armen aufrecht halten, sondern auf den Beinen. Obwohl keine Gefahr besteht, ins Wasser zu fallen, steigert dieser »Gang über dem Abgrund« die Empfindungen des freien Balancierens. Zugleich wird hier ein Anlaß geboten, sich auszutoben, wenn durch die Anfahrt oder gar durch die gesamte tägliche Lebensweise die Bewegungsbedürfnisse zu lange angestaut worden sind. Ähnliche Situationen wie die des Kettenstegs bilden die geflochtenen Hängebrücken Südamerikas, improvisierte Stege, wie sie in Wildwest- und Ritterfilmen und entsprechend auf »Abenteuerspielplätzen« eine Rolle spielen.

Trittsteine

Die *Station 2* bietet, vermutlich als Alternative zu 1, den entgegengesetzten Zugang zum »aufrechten Gang« an. Die flachen, großen Steine liegen fest und dicht nebeneinander, so daß Besucher ihre Schritte ohne Anstrengung und Gefahr auf sie setzen können. Die Wassertiefe ist so gering, daß ein falscher Tritt nur unangenehme, aber keine gefährlichen Folgen haben könnte. So bewirkt die Einbettung der Steine in die Wasseroberfläche, von der sie sich kaum abheben, nur, daß man seine Schritte behutsamer, bewußter ausführt. Indem man die Plätze anschaut, auf die man die Füße setzt, und die eigenen Bewegungen beobachtet, gewinnt der ganze Gang an Aufmerksamkeit. Die Vorsicht, mehr noch das starke Empfinden für guten Stand, sicheren Schritt und ihren Wechsel im Gang führen dazu, daß man sich mehr oder weniger bewußt auf diese Bewegung des ganzen Leibes konzentriert und sie im wechselvollen Bezug zur Wasseroberfläche, zum Ufer, zu entfernteren Bäumen wahrnimmt.

Aus diesen Gründen finden sich solche Trittsteine in den meditativen Gärten der chinesischen und der japanischen Tradition, in denen durch viele Jahrhunderte an ihrer besonderen Form gearbeitet worden ist.

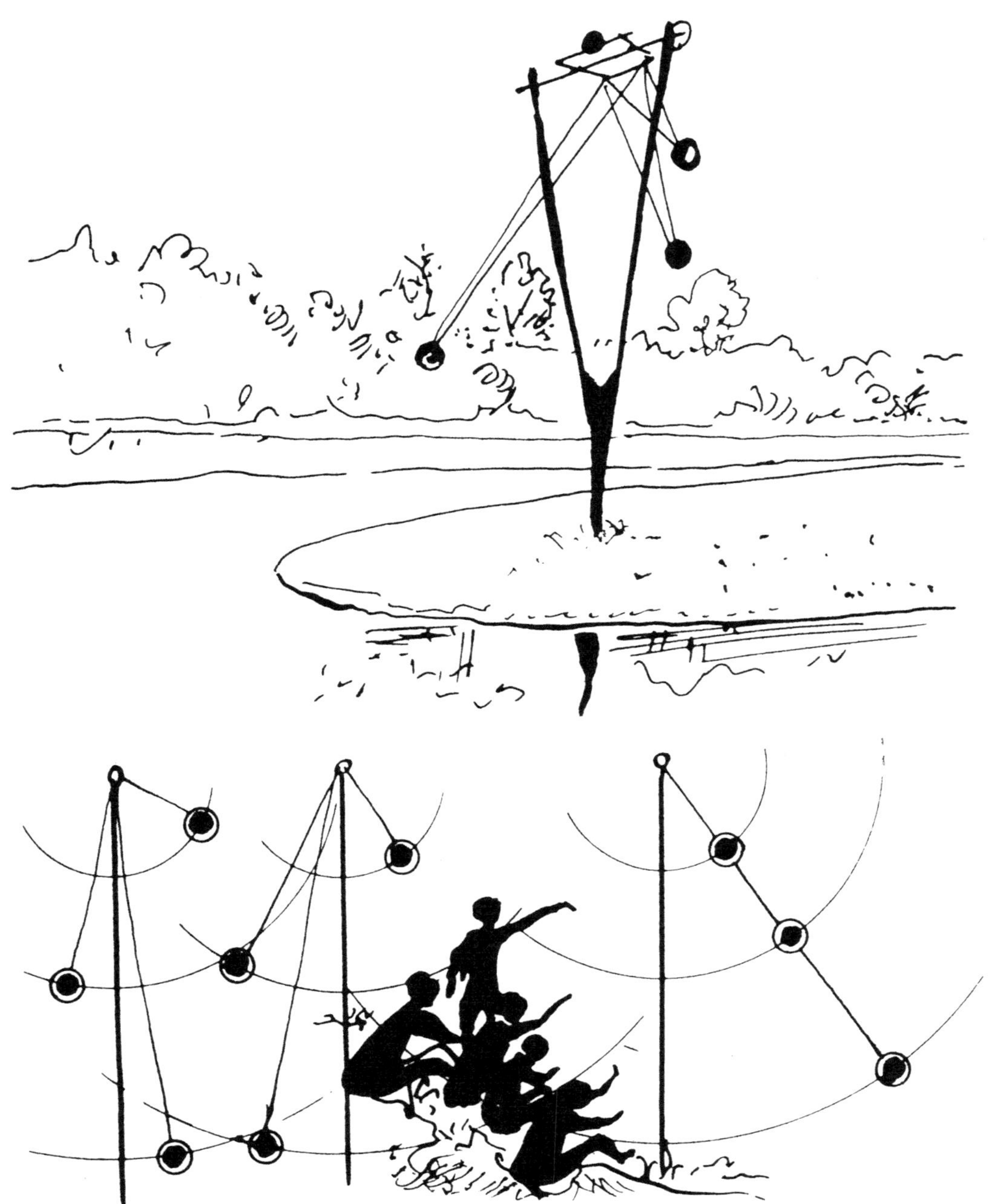

Dreizeitenpendel

Die *Station 3* gibt eine modellhafte Anschauung von ganz verschiedenen und doch eine durch die andere bedingten Pendelbewegungen. Je nach der Länge ihrer Aufhängung schwingen die drei großen Kugeln in unterschiedlichen Rhythmen. Sie sind alle über eine gemeinsame Achse, an der die Aufhängungen befestigt sind, miteinander verbunden; wenn wir durch Zug eine Kugel in Schwung versetzen, so überträgt sich dieser Schwung auf die beiden anderen, die ihn aber in ihren eigenen Rhythmus umformen. Deren Schwung wirkt auf die erste Kugel zurück. Dies ist ein einfaches Modell für ein komplexes Gleichgewicht in Bewegung. Die vielen Glieder und Bewegungsrichtungen des menschlichen Körpers schwingen im vollendeten »aufrechten Gang« in entsprechender Weise zusammen. »Es handelt sich bei diesen um den gleichen Drehpunkt schwingenden Pendeln darum, daß sie in der gleichen Zeiteinheit verschieden schnell schwingen. Während das Kugelgewicht mit dem längsten Pendelarm eine Vollschwingung ausführt, führt das mittlere zwei, das obere drei Schwingungen aus, entsprechend der darauf bemessenen Länge der Pendelarme. Die Gewichte sind gleich. Der dreifältige Rhythmus des Vorgangs beeinflußt, nach Art einer Resonanz, das Befinden des Beobachters. Ähnlich wie es beim Klang von drei verschiedenen Glocken immer wieder zum gleichzeitigen Zusammenklang aller drei im Geläute kommt, so kommt es auch bei den drei verschieden schnellen Schwingungen immer wieder dazu, daß ihre Pendelgewichte zur gleichen Zeit auf der gleichen Linie liegen. Der ausgesprochen rhythmischen Eigenschaft des Dreizeitenpendels entspricht eine rhythmisierende Wirkung auf den Beobachter. Die vorliegende Anordnung 1:2:3 könnte auch nach dem Frequenzverhältnis der Quinte = 2:3 oder der Quarte = 3:4 abgewandelt werden. 1:2 ist das Frequenzverhältnis der Oktave. Die hier über das Sehen eintretende Wirkung kann mit dem musikalischen Hörerlebnis verglichen werden.« *(H.K.)*

Dieses Gerät dient der Betrachtung. Um möglichst starke Impulse dafür zu geben, daß sie im Betrachter innerlich mitvollzogen werden, wie wir dies an sich selbst bei kleinsten Bewegungen unwillkürlich, ja unbemerkt tun, hat das Dreizeitenpendel sehr große Ausmaße. Es steht auf einer Insel für sich und wird nur durch die über das Wasser führende Leine mit den Betrachtern verbunden, weil es als in sich ausgewogenes System wirken soll. Es entspricht naturwissenschaftlichen Geräten der sogenannten klassischen Physik und hat hier nur eine besondere Gestalt bekommen, vor allem ungewöhnliche Maße.

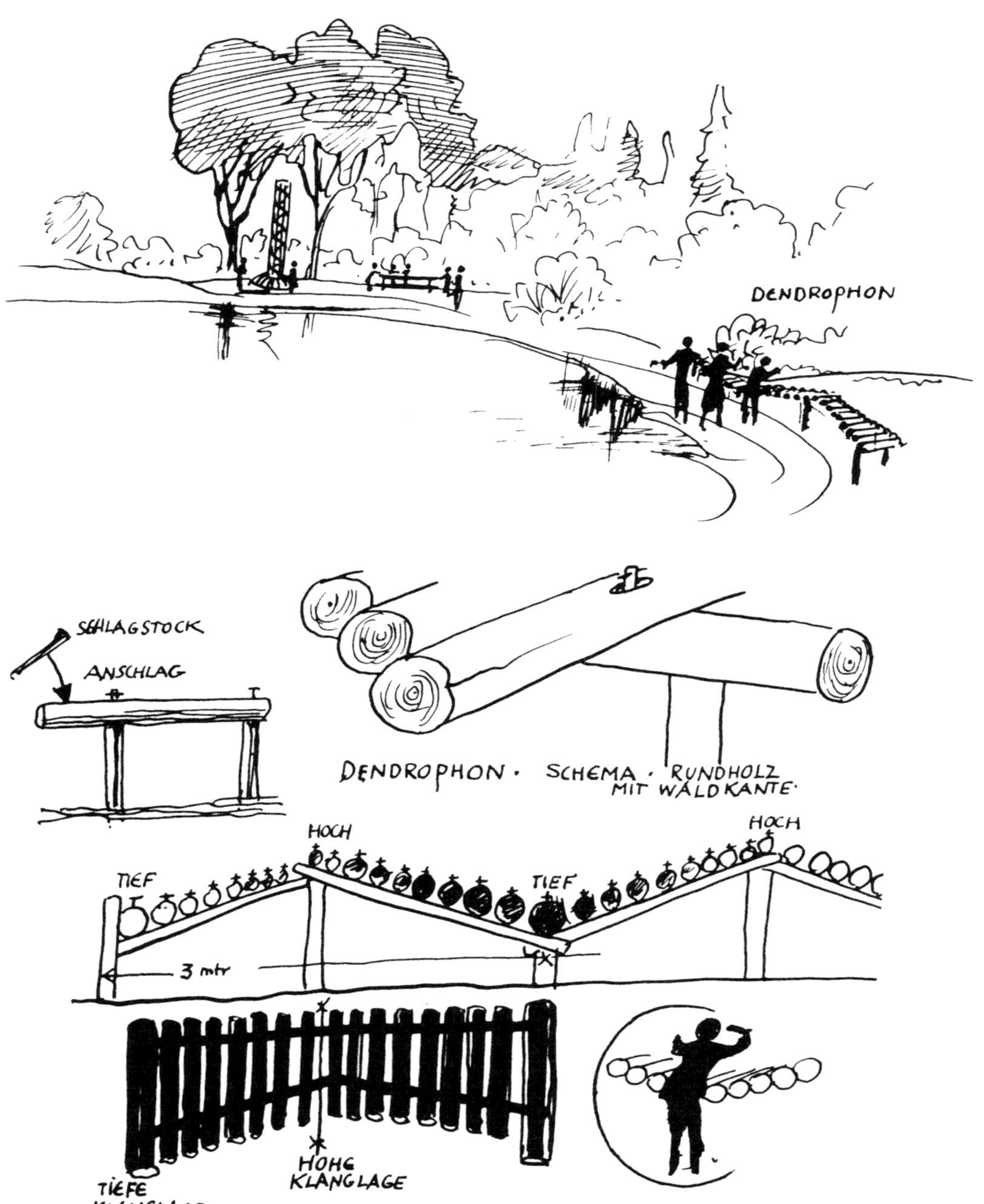
DENDROPHON
SCHLAGSTOCK
ANSCHLAG
DENDROPHON · SCHEMA · RUNDHOLZ MIT WALDKANTE ·
HOCH
HOCH
TIEF
TIEF
3 mtr
TIEFE KLANGLAGE
HOHE KLANGLAGE

Dendrophon

Die *Station 4* und alle ihre verschiedenen Wiederholungen, die den Weg durch das Gelände begleiten, haben nur zu einem Teil ihrer Bedeutung etwas mit dem »aufrechten Gang« zu tun. Die Holzbohlen von unterschiedlicher Stärke sind wie Stücke eines Zaunes montiert, an dem man mit einem Holzstab im Vorübergehen entlangrattert. Jeder Anschlag bringt einen Ton, nach Länge und Stärke der Bohlen unterschiedlich hohe Töne, hervor. Unser Gang hinterläßt also eine Klangspur. Aus der Ferne nehmen wir andere Klangspuren anderer Gänge wahr. Der Klang wirkt wie ein Echo unseres Ganges, gleichzeitig gibt er uns Anregungen zur Rhythmisierung des Ganges, in dem er hervorgebracht wird. Wirkung und Rückwirkung vereinigen sich, z.B. zu einer beschleunigten oder verlangsamten Gang- und Klangfolge. An ihrem Wechsel wird der Rhythmus des eigenen Gehens deutlicher als gewöhnlich. Als Kinder haben wir alle Ähnliches erlebt, wenn wir, mit einem Stock anschlagend, am Gartenzaun entlangliefen. In der naturwissenschaftlichen Akustik wird ein doppelter solcher Zaun mit kleinen Stäben – eine Variante von 4 – zur Demonstration von Interferenzen benutzt; eine kleine Verschiebung der Abstände bewirkt, daß die Töne beim Rattern einander verstärken oder abschwächen, je nach Überlagerung.

Luftschraube: Die *Station 5* wird erst später eingerichtet.

DIE BEWEG-
UNGS-ERSCHEIN-
UND DER
ROTIERENDEN
DOPPELHELIX
IST GEGEN-
LÄUFIG: WIE
DIE TATSÄCH-
LICHE BEWEG-
UNG DER
WASSERTEILCHEN
EINES STRÜDELS
vgl. THEODOR
SCHWENK

Doppelhelix

Die *Station 6* dient der Anschauung des Zusammenwirkens von Fall- und aufrichtenden Kräften. Sie ist darin einem Strudel zu vergleichen, der – im Wasser oder in der Luft – entsteht, indem aufsteigende Luft und fallendes Wasser zu einer gemeinsamen Drehbewegung gelangen und eine die andere bedingen. Wenn die Doppelhelix in Drehung versetzt wird, bewegen sich die äußere und die mit ihr verbundene innere Spirale so, daß wir eine Aufwärts- und eine Abwärtsdrehung wahrnehmen; die Augen folgen der Aufwärtsdrehung bis an den oberen Wendepunkt, an dem wir den sich anschließenden Abwärtsbewegungen zu folgen beginnen – und umgekehrt. Dabei bewegt sich nicht das Material auf- oder abwärts. Trotzdem wird uns die sich drehende Doppelhelix zur Anschauung für die Grundtatsache, daß alles sich gegen die Erdanziehung aufrichtende Wachstum auf die ihm entgegengerichtete Erdanziehung ebenso stützt, wie es sie zu überwinden sucht. Selbst in der Statik der toten Körper, die wir als Kinder mit Bauklotztürmen erproben, können wir nur in die Höhe bauen aufgrund der Schwere, die nach unten lastet. In der Doppelhelix verbinden sich beide Wirkungen als sichtbare Bewegungen zum System der Spirale. Unsere Augen folgen dieser Erscheinung, weil sie ein Prinzip darstellt, das wir in unserem Leibe selber in vielfältiger Form erfahren, und die Augenwahrnehmung nicht nur optisch Informationen aufnimmt:

Sehwahrnehmungen verbinden sich im Auge und im Gehirn mit den Erfahrungen des ganzen Leibes, hier besonders mit Gleichgewichts- und Wachstumserleben. Zwei Gegenbewegungen (zweidimensional) können nur (in der dritten Dimension) als gemeinsame Spirale bzw. Doppelspirale sich miteinander zu einem Wechselspiel vereinigen. Diese besonders einfache Gestalt für einen hochkomplizierten Vorgang finden wir z.B. auch im Bild unserer Gene (DNS) wieder. Genau beobachtet, spielt eine solche Bewegung auch in unserem Gehen eine Rolle. Im biegsamen natürlichen Gang – im Gegensatz zum Marschtritt z.B. – formen wir beim Schritt nach vorn Fallkraft durch die Drehung des Beckens in die Gangrichtung um.

Die Doppelhelix soll nicht nur in der unmittelbaren Nähe auf die Besucher wirken und ist deshalb sehr groß ausgeführt. Sie wird vom Betrachter in Derhung versetzt, was seine innere Verbindung zu ihr betont.

Riesig im freien Gelände oder klein genug, um an unserem Zeigefinger zu trudeln, begegnet uns eine Spirale, die am oberen Kulminationspunkt umgewandt ist und in eine Gegenspirale im Innern übergeht. Die sogenannte Doppelhelix. An ihr wird das Prinzip der »schiefen Ebene« durch die Wahr-

• DER STRUDEL: EIN ERREGENDER ANBLICK •

a. DIE GEGENLÄUFIGE SPIRALBEWEGUND DES STRUDELS •
b. MENSCHLICHER EMBRYO •

nehmung sichtbar, als würde mit der Drehung Materie aufwärtstransportiert, wie es die Archimedische Schraube tatsächlich tut. Diese transportiert Wasser in den Drehungen einer um ihre Längsachse bewegten Schraube auf ein höheres Niveau. In der Doppelhelix wird die Anschauung – und die innere Vorstellung dieser Aufwärtsbewegung im Drehen – verbunden mit der Anschauung und dem inneren Nachvollziehen einer genau entsprechenden Abwärtsbewegung, die wir mit der Gegenspirale innerhalb der aufsteigenden vollziehen. Die beiden gegenläufigen Bewegungen verstärken sich selbstverständlich in ihrer Wirkung. Aber nicht das kann ein »exemplarisches Lernen« genannt werden. Vielmehr ruft das Übergehen der einen in die andere Spirale, die aus einem Stück sind – oben und unten –, die Wahrnehmung einer Einheit der beiden Bewegungen hervor. Aufwärts und Abwärts bilden eine komplexe, in diesem System sich wechselseitig bedingende Bewegungseinheit, die wir als aufrecht gehende Menschen wie Aufrichten und Niedersinken empfinden. Exemplarisch ist diese Erfahrung in doppelter Weise. Naturwissenschaftlich ist die Wechselbedingung bekannt, nach der die nach unten ziehende Gravitationskraft der Erde zugleich den gegengerichteten Bewegungen allen Wachstums zur orientierenden Voraussetzung dient. Sie drückt sich aber nur in den stummen Strukturen z.B. der Statik in unseren Knochen oder eines Baumstammwuchses aus. Die Bewegung der Doppelhelix veranschaulicht im dynamischen Schauspiel, was sonst allenfalls eine Bodenrolle zu erfahren erlaubt, daß aus dem Schwung des Hinfallens die Energie für das Wiederaufstehen kommen kann. Als solche mittelbare Veranschaulichung unserer physischen Existenzbedingungen gibt diese Erfahrung auch Anleitung zum Umgange mit dem eigenen Körper. Schließlich vermittelt die Drehbewegung, in der allein die Gegenbewegungen der Spiralen ineinander übergehen können, eine auch ganz abstrakte Erkenntnis. Gegensätze können nur in der dritten Dimension und in der Zeit, also als Bewegungsgestalt zu einer Einheit gebracht werden. Zeit und allseitige Beteiligung an dem sich bewegenden System sind die Bedingungen dafür, daß praktisch geschieht, was Hegel – manches Mal zu vorgreifend abstrakt – als »Aufheben der Gegensätze« denkt. Die Übertragbarkeit nicht nur in den Bereich technischer Wirklichkeit, sondern auch sozialer »Problemlösungsstrategie« liegt auf der Hand.

Schwingende Balken

Die *Station 7* vermittelt für diejenigen, die sich zunächst den Trittsteinen anvertraut haben, die Balanciererfahrung des Kettensteges auf ruhigere Weise. Längs zur Richtung des Ganges liegen die Balken, über die man wie auf gefällten Baumstämmen läuft. Ihre gerade Oberfläche und die Handführung geben mehr Sicherheit. Die Lagerungen erlauben aber ein freieres Schwingen. Im Vergleich mit einem Baumstamm kann man hier genauer, dort zufälliger und bewegter die Bewegungen des Materials erproben und die eigenen Reaktionen auf elastische Böden beobachten.

Ähnliche Anlagen sind in Trimm-Dich-Pfaden zu finden. Hier wird die Aufmerksamkeit durch den Zusammenhang mit anderen Stationen auf die Vorgänge und Wirkungen gelenkt, während dort die Geschicklichkeit noch ein Leistungsziel ist, über dem weniger bewußt wird, was eigentlich unsere »Geschicklichkeit« ist und wie sie zustande kommt im oft wiederholten Wechsel von Aufnehmen und Reagieren, Auftreten und Prüfen der Wirkungen. Im kindlichen Spiel – wo dieses im Wald oder über Bahngeleise noch möglich ist – wird Ähnliches erfahren, nur daß das »Gelernte« nicht »ernst genommen« und zu leicht vom Erwachsenen vernachlässigt wird.

Große Balancierscheibe

Die *Station 8* lädt Gruppen zu gemeinsamem Balancespiel auf der Fläche ein, die sich nach allen Seiten senken kann. Einzelne Benutzer werden aber auch durch die Bewegungen der Fläche, die jeder mit Wirkung für alle anderen beeinflußt, in ein Zusammenspiel gezogen. Was man da mit fremden Menschen zu tun bekommt, ist begrenzt auf die gemeinsame »Lage« und was sie verändert. Die viel gesuchte »Kommunikation« kann sich über einen sachbedingten Zusammenhang entwickeln:

Gegenseitige Wünsche und Anweisungen, Austausch von Beobachtungen und Erfahrungen, die im Augenblick miteinander gemacht werden. In diesem Spiel werden die verschiedensten Gleichgewichte und die Bewegungen entdeckt, die zu ihnen führen können. An einer Bewegung zusammenwirken; den anderen überraschen, durch gutes Gespür und leichte Verständigung Verteilungen erreichen, in denen die Bewegungen einander ausgleichen. Die große Scheibe wurde in den letzten Jahren in diesem Sinne aus der kleinen Balancierscheibe entwickelt. Eine Anregung kam vom »chinesischen Tauziehen« her, bei dem die beiden Parteien – auf der Scheibe können es mehrere sein – die Aufgabe haben, jeweils genau die Bewegung der anderen auszugleichen, so daß das Tau sich nicht bewegt. Eine wichtige Funktion hat die Scheibe besonders für sprachlich Behinderte erhalten, die auf ihr miteinander erfahren, daß sie einander körperlich mitteilen und wahrnehmen, zu aufeinander abgestimmtem Verhalten finden können. Warum muß man erst sprachbehindert sein, um die übrigen menschlichen Mitteilungs- und Wahrnehmungsvermögen auszubilden?

Kleine Balancierscheiben

Die *Station 9* kann als Vorbereitung auf 8 allein, zu zweit oder dritt benutzt werden. Vielleicht möchte mancher auch noch einmal unabhängig von anderen nach dem Zusammenspiel auf der großen Scheibe seine besonderen Balanceerlebnisse erproben. Im Stand auf den kleinen Scheiben hat man stärkere Schwankungen auszugleichen. Wir müssen mehr durch Gewichtsverlagerungen der verschiedenen Körperpartien die Balance gewinnen und behalten, während wir dies auf der großen Scheibe durch Bewegungen des gesamten Körpers von einer Stelle zur anderen erreichen. Wichtig wäre ein Wechseln zwischen dem Balancieren im Stand und im Fußwechsel, um zu spüren, daß in Wirklichkeit beide ineinander übergehen. Selbst wenn man das von außen nicht erkennen kann, ist jeder Stand eines Menschen noch eine Andeutung des balancierenden Muskelspiels, der Übergang zum Gehen nur eine Verstärkung bestimmter Impulse und Spannungen. Die Scheiben wurden vor drei Jahrzehnten in Deutschland entworfen und werden seitdem vielfach in Gymnastik und zu Heilübungen gebraucht.

DER
ANBLICK
EINES
EIGEN//
HÄNDIG
IN SCHWUNG
GEBRACHTEN
MÄCHTIGEN
FELSBLOCKS
VERSETZT UN/
ENTRINNBAR DEN
▸EMPFINDUNGS= BLOCK◂
ALLER MITHANDELNDEN
IN SCHWINGUNG•
LEBEN IST SCHWINGUNG•

Schwingender Gesteinsblock

Die *Station 10* lädt auf besonders eindrucksvolle Weise dazu ein, sich mit Pendelbewegungen zu beschäftigen. Was im kleinen uns allzu selbstverständlich scheint, kann uns im großen mit der ganzen Fülle seiner verschiedenen Wirkungszusammenhänge beeindrucken. Der Gesteinsblock ist schwingend aufgehängt. Die Vorstellung, er könnte fallen, nötigt uns Aufmerksamkeit ab. In Wirklichkeit ist jede unserer Wahrnehmungen mit einer ähnlichen Vorstellung verbunden: Wir ahmen unbewußt das Wahrgenommene nach oder versetzen uns an seine Stelle. Wir fürchten nicht nur, daß der Block auf uns fallen könnte, sondern wir spüren an uns selbst ebenso das Gewicht unseres Körpers, den es nach unten zieht. In den verschiedensten Formen, z.B. Schaukeln, haben wir an uns erfahren, was wir infolgedessen uns gegenüber wahrnehmen können. Umgekehrt können wir an einem äußeren Gegenstand beobachten und prüfen, was unser eigenes Verhalten gleichfalls bestimmt: Viele grundlegende Naturgesetzlichkeiten – wie z.B. die sogenannten Pendelgesetze – wirken genauso auf unseren menschlichen Körper wie auf andere Körper. In der Erfahrung der gleichen Bedingungen und Wirkungen in uns und um uns begründet sich stets neu Vertrauen auf die eigene Anpassungsfähigkeit an die Umwelt wie auf die Eignung der Umwelt für uns.

Der schwingende Gesteinsblock wirkt nicht nur im Beobachten des Schwingens. Die Beobachter selbst sind es, die ihn in Schwingung versetzen. Dabei wird deutlich spürbar, daß heftiger und großer Kraftaufwand nichts gegen die träge Masse vermögen. Kleine Anstöße jedoch, in dem Rhythmus des ganz langsam sich in Bewegung setzenden Blocks und seine Bewegungsrichtung verstärkend ausgeführt, steigern das Schwingen zur machtvollen Bewegung. Ähnlich wie auf der großen Balancierscheibe kann hier das rhythmische Zusammenwirken mehrerer oder vieler geübt und erfahren werden.

Diese Versuchsanordnung geht auf kleinere Experimente im Physikunterricht zurück, als die Wirkungslosigkeit winziger Geräte zu anderen Demonstrationen zwang. Wichtig ist, nicht von der Gewalt der Ausmaße abhängig zu bleiben.*

Durch die an ihnen erfahrene Wirkung sensibilisiert, müssen wir uns auch auf kleine und kleinste Vorgänge zu konzentrieren und sie nachzuvollziehen üben. (Vergleiche z.B. Tischpendel im Turm)

* Vgl. die Phänomenpädagogik des Physikers Wagenschein

HK

Bewegbarer Gesteinsblock

Die *Station 11* gibt Gelegenheit, die am Pendel gemachten Erfahrungen mit den Schwierigkeiten und Möglichkeiten zu vergleichen, die entstehen, wenn man versucht, einen auf dem Boden liegenden Block in Bewegung zu bringen. Hier wird gleichzeitig daran erinnert, daß auch der »Aufrechte Gang« der Menschen, d.h. die Fähigkeit und Notwendigkeit unseren Körper im Widerspiel mit der Erdanziehung zu bewegen, das Liegen, Sitzen usw. mit einschließt.

Erinnerungen daran können wach werden, wie man sich beim Balgen mit anderen Kindern am Boden rollt oder sich im Schnee einen Hang hinunterrollen läßt.

Die dicken Stangen geben uns selbst auch für die Hände und Arme zu tun. Sie leiten schon zum Bereich »greifende Hand« über. Dies geschieht aber gerade in Situationen, in denen es besonders auf einen guten Stand bzw. eine feste Vorwärtsbewegung ankommt, wenn wir den Block bewegen wollen. Die Stangen sind Hebelarme. Sie verdeutlichen, daß unsere Arme u.a. sozusagen die ersten Hebel sind. Das Zusammenspiel der Körperpartien in Gang und Stand muß nun auch nach außen gerichtet werden und sich an Wirkungen auf die Umwelt bewähren.

Die Blöcke stammen aus dem Gestein in der Tiefe des Bodens, auf dem sie ruhen bzw. über dem sie schwingen.

RHYTHMISCHE FOLGE
SCHWACHER ANSTÖSSE
BRINGT GROSSE MASSEN
IN SCHWUNG

Schaukeln

Die *Station 12* umfaßt eine Zahl von teils verschiedenen Schaukeln. Sie entspricht besonders den Stationen 3 und 10. Was wir dort an einem Gegenstand außer uns wahrgenommen haben, erleben wir hier an uns selbst: Pendelschwingung.

»Anordnung: Eine Kugel ist wie in Station 3 schwingfähig aufgehängt. Sie wird durch Auslenkung in Schwingung versetzt. In der Pendelschwingung wirken die Steige- und die Falltendenz derart ineinander, daß sie ein Je-desto-Verhältnis bilden. Je höher das Gewicht in der Aufwärtsbewegung einer Vollschwingung steigt, desto mehr nimmt die Falltendenz zu. In der Physik heißen die beiden Tendenzen: potentielle und kinetische Energie. Man verfolge die Schwingung mit den Augen; zugleich aber merke man auf die Empfindungen, die durch die beobachtende Bewegung der Augen ausgelöst werden. Das Mit-Sehen der Schwingung erweckt das Gefühl, selbst zu schwingen, gleichsam als befände man sich auf einer Schaukel.« *(H.K.)*

Auf einer Schaukel sind wir selbst der Pendel bzw. das Pendelgewicht. Jetzt wird um so spürbarer, daß auch im Pendeln die zwei Wirkungen aufwärts und abwärts, Schaukelschwung nach oben und Erdanziehung nach unten in einem steten Wechselspiel zusammenwirken. Während wir emporschwingen, spüren wir die Zugkräfte, gegen die der Schwung uns emporhebt; während wir uns in den Abschwung fallen lassen, fühlen wir schon, daß wir mit derselben Kraft über den tiefsten Punkt auf der anderen Seite wieder nach oben getragen werden müssen. Wiederum ist die dritte Dimension, das Vor und Zurück in der Zeit, die Vermittlung für das Auf und Ab.

Nicht nur das Betrachten des Pendels und das Schwingen als Pendel ermöglicht uns die Schaukel. Zwischen Schaukelnden und Umstehenden ergibt sich immer ein Spiel von Anstoß-Geben und Aufnehmen des Schwunges. In diesem Spiel vermitteln sich Sehen und innerliches Mitschwingen, indem die Stehenden ihre Stöße dem Rhythmus der Schaukelnden einfügen. Der Zeitpunkt, die Körpergegend und die Richtung des Anstoßes müssen ganz den besonderen Wirkungen der Pendelgesetze an diesem schaukelnden Menschen mit seinen Körperproportionen und seinem Temperament entsprechen; sonst wird das Zusammenspiel der beiden Kraftrichtungen gestört und bricht sich im Leib des Schaukelnden.

An keinem Experiment wird uns das so deutlich spürbar wie im Spiel mit einem anderen Menschen. Um seinetwillen, und weil wir uns, selbst unwillkürlich, »an seine Stelle« versetzen, vollziehen wir den beobachteten Pendelvorgang so mit, daß unsere Eingriffe seinem Rhythmus entsprechen. Ebenso vermag, wenn wir dann zum Spaß und zur Erprobung gegen diesen Vorgang verstoßen, der zu weit oben oder seitlich oder zu früh Angestoßene den falschen Impuls durch eine Körperverlagerung wieder in die Schwungrichtung einzulenken, durch Beschleunigung aufzunehmen.

PARTNER SCHAUKEL

Hier erleben wir, wie genau wir beobachten. Die Genauigkeit wie das Wissen von dem beobachteten Vorgang kommt allerdings erst wieder als tätiger Bezug auf den Vorgang selbst zutage. Sie vollziehen sich, wie das innere Mitschwingen beim Zusehen, im Bewußtsein des Leibes. Sie brauchen aber keineswegs ins Verstandesbewußtsein zu treten. Deshalb sind solche Spiele eine unersetzliche Einführung und Grundlage für Wissen über die Natur. Aber um Naturwissen oder sogar Naturwissenschaft zu werden, bedürfen sie noch einmal eines bewußten Durchganges durch den Wechsel von Vorgängen und Wirkungen. Dann können sie freilich auch noch Grundlage dafür werden, wie wir mit dem Wissen umgehen: Nämlich für die Entscheidung, ob wir unser Wissen dazu benutzen, die Wirkungen im Sinne ihres eigenen Rhythmus zu beeinflussen, oder ob wir z.B. zwischen Schwung und synkopischem Gegenstoß einen schwingenden Körper unter Schocks setzen wollen.

Der gesamte Zusammenhang wird noch komplexer, wenn man an einem einzelnen Seil schwingt. Neben dem Vor und Zurück der Schaukel gibt es hier noch das Rechts und Links. Während Vor und Zurück – im Auf und Ab – durch das zeitliche Nacheinander des Rhythmus miteinander verbunden werden, müssen Rechts und Links in das Vor und Zurück, Auf und Ab einbezogen werden. Dabei ergeben sich Kreisbahnen und Parabeln, auch Schlangenlinien, die unendlich kreisend in sich zurücklaufen. Wie viele Komponenten in solche Bewegungsbahnen eingehen, wird besonders greifbar, wenn man zu mehreren nebeneinander an einzelnen Seilen schwingt und in einen gemeinsamen Rhythmus von Begegnen und Sich-Entfernen zu gelangen versucht. Zeichnet man am Boden dabei mit den Füßen die Schwungbahnen mit, so entstehen Linien, die in mathematischen Gleichungen auszudrücken sehr schwierig oder kaum möglich sein würde. Dennoch spüren wir beim Vollzug eine Gesetzmäßigkeit darin, wie der Zug und Schwung in eine Richtung mit den Zügen und Schwüngen in die anderen stetig miteinander wechseln: Wie beim Tanzen finden wir schwingend einen Gesamtrhythmus, eine Gesamtgestalt können wir auch sagen als »Zeit-Gestalt«, die wir unwillkürlich in der Freude an dem wiederkehrenden Wechsel erfahren; die wir durch leichte Abwandlungen beschleunigen und verlangsamen, verbreitern oder in die Länge ziehen, flacher oder steiler werden lassen, zentrifugal im Kreise oder zentrifugal und zentripetal verschlingen, indem wir nach außen und nach innen abwechselnd uns auszurichten versuchen.

Die »Partnerschaukel« ist so konstruiert, daß sich der Schwung einer Schaukel auf eine zweite ihr gegenüber überträgt und deren Schwung wieder auf die erste zurückwirkt. So können wir besonders behinderte Menschen zum Erleben der Schaukel einladen. Das vielleicht Erstaunlichste dabei ist, daß der Partner, dem unser Schwung zuteil wird, plötzlich feststellt, daß seine Bewegung sich auf den anderen zurücküberträgt; ungewohnte Wirksamkeit wird erfahren.

Seile zum Schwingen

Die *Station 13* bietet Seile an, die am Boden oder in die Höhe zum Schwingen gebracht werden können. Erneut wird das Ein-Greifen der Hand einbezogen und auf den eigenen Stand zurückbezogen. Die schwingende Bewegung hängender Seile ist ein Schwingen um die Achse, d.h. die Ruhelage, es wird auch Oszillieren genannt. Wenn wir im Stehen einmal die Hüfte zurück und die Schultern vorschwingen, einmal den Bauch vor- und die Schultern zurückschwingen lassen, so führen wir selbst eine ganz ähnliche Bewegung aus. Und in ganz geringem Ausmaß geschieht immer so etwas, während wir stehen. Im Gehen gehören diese Gegenschwungbewegungen zu den Grundformen unseres beweglichen Gleichgewichts, in dem wir das Vor- und Zurückschwingen von Beinen und Armen im Schreiten ausbalancieren.

Die Seile am Boden geben eine andere Erfahrung dazu, daß auch scheinbar ganz statisches Stehen in den Raum hinein gerichtet ist und wirkt. Wenn wir stehend mit den Händen das Seil greifen und entschieden genug, rein zweidimensional, auf und ab schwingen, setzt das Seil diese Impulse in eine Schlangenbewegung durch seine ganze Länge hin um. Hier wird in so einfacher Weise deutlich, wie Bewegung und Gegenbewegung sich in der dritten Dimension zur Einheit verbinden können, daß dieser Zusammenhang besonders offensichtlich wird. Sobald man sich ihn klarmacht und einmal bewußt verfolgt, wird sein Modellcharakter unübersehbar; die Erfahrung kann als Denkmodell auch auf ganz andere Situationen übertragen werden.

»Die hoch von oben herabbaumelnden Gummiseile werden – erst langsam, dann schneller – an ihren freien Enden hin und her geschwenkt. Die Bildung von Wellen ist zu beobachten, die von unten nach oben verlaufen und sich von oben nach unten rückkehrend mit den von unten nach oben fließenden überlagern. So kommt es, je nach der Schnelligkeit des Schwenkens, zur Bildung sog. »stehender« Knoten und Bäuche. Man versucht, die einmal entstandene Anzahl der Wellen (2, 3, 4 ...) eine Weile festzuhalten, ehe man sie verändert. Dabei ist der Vorgang ebenso zu beachten wie die dadurch ausgelösten Bewegungsempfindungen.« *(H.K.)*

Im Alltag können öfters ähnliche Situationen auftreten.

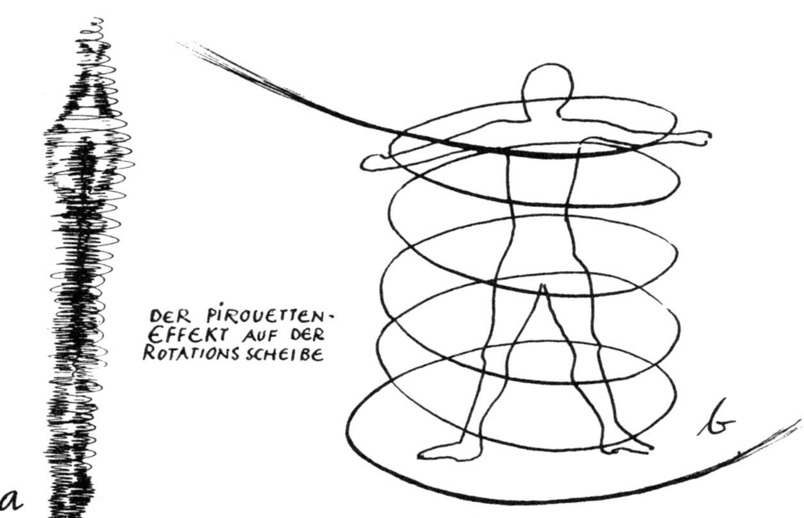
DER PIROUETTEN-
EFFEKT AUF DER
ROTATIONSSCHEIBE
a
b
a - ANGEZOGENE ARME UND BEINE : SCHNELL .
b - ARME UND BEINE GESPREITZT : LANGSAM .

Pirouettenscheiben

Die *Station 14* macht eine Erprobung von Zentrifugal- und Zentripetalkräften, also vom Geschleudert-Werden und vom Angezogen-Werden, am eigenen Leibe erfahrbar. Während die Drehungen der Scheibe, die wir ja selbst verursachen, uns an ihren Rand drücken, streben wir danach, uns in der Mitte zu halten. Das Geländer hilft, dabei Sicherheit zu bewahren. Es gibt zwei Möglichkeiten, Schwindelgefühle zu vermeiden und die Orientierung gegenüber der Umwelt zu behalten. Wir können, einen einzigen Punkt uns gegenüber, z.B. einen Baumstamm, fixieren und bei jeder Drehung den Blick nur einmal auf diesen Gegenstand richten, auf diesen Punkt. So machen es die Ballettänzer hei der »Pirouette«.

Wir können uns aber auch so auf die Scheibe stellen, daß wir Blick und Aufmerksamkeit in jedem Augenblick der Umwelt gegenüber zuwenden und uns immer »im Bilde« bzw. »auf dem laufenden« fühlen. Diese Grundeinstellung versuchen die chinesischen und japanischen Körperübungen aus den meditativen Traditionen von Yoga bis Zen zu verwirklichen. Sie geben mehr Sicherheit und Selbständigkeitsgefühl.

Die Scheiben sind in die Böschung des Hanges eingelassen, um den beiden Empfindungen, die durch die Drehung bewirkt werden, mit der Geborgenheit im Erdreich Unterstützung zu geben.

ZUR SCHULE DES GEHENS

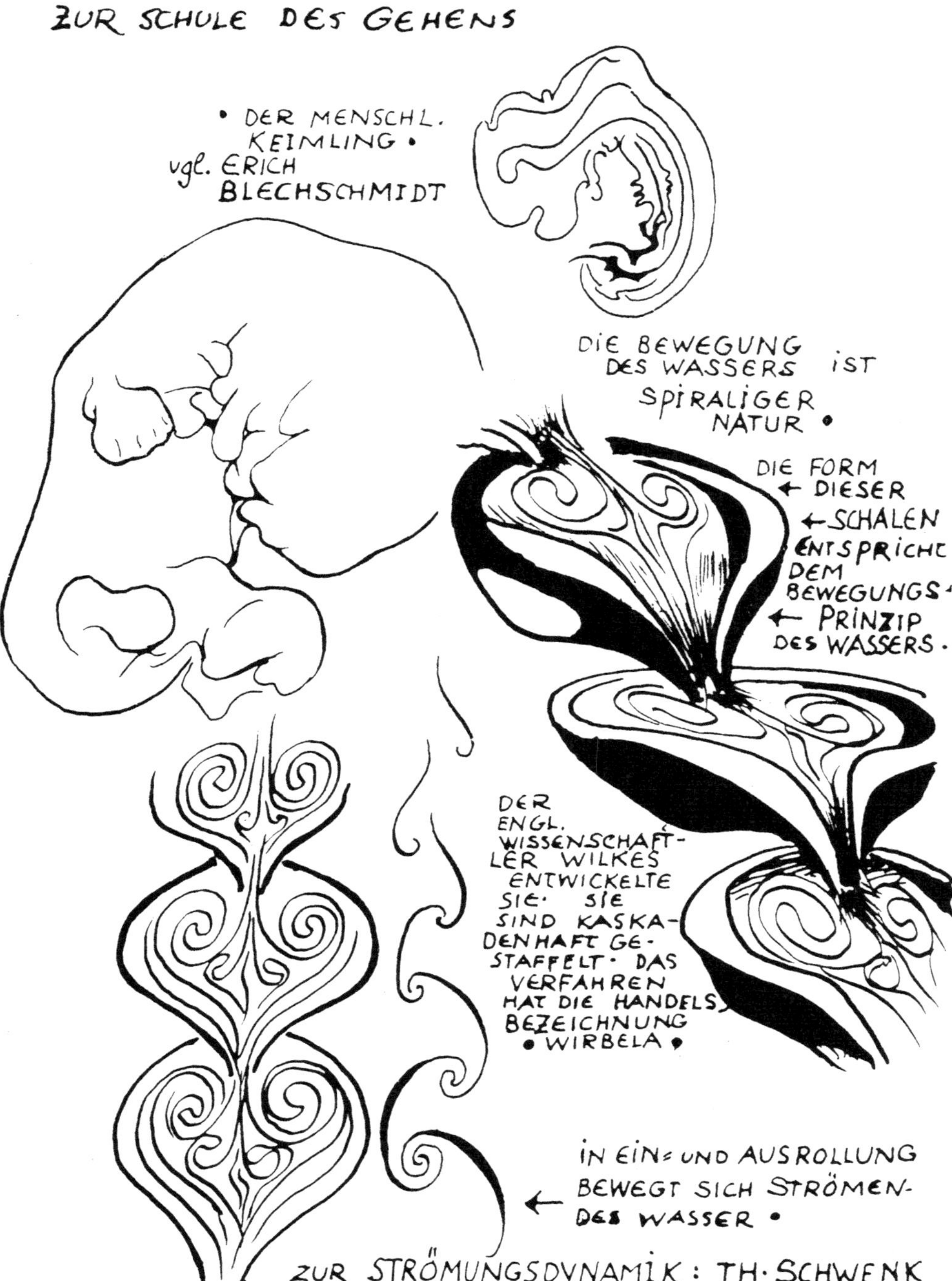

ZUR STRÖMUNGSDYNAMIK: TH. SCHWENK

Schule des Gehens

Die *Station 15* nennt Hugo Kükelhaus eine Schule des Gehens. weil sie auf vielfältige Weise dazu anregt, alle Funktionszusammenhänge des »aufrechten Ganges« besonders auszubilden. Vor allem wird der Gang aus dem bestimmten Kontakt der Füße mit verschiedenen Böden bestimmt. Die Füße selbst werden, indem sie sich verschiedenen Materialstrukturen anpassen, ja sie zunächst erst erprobend ausmachen, außerordentlich belebt. Dies ist keineswegs nur für die Fußmuskulatur wichtig. Nervenbahnen verbinden die Fußsohlen mit allen Organen des ganzen Körpers und leiten die belebenden Wirkungen zu ihnen weiter. »Massage« auf diesem Wege wirkt auf feinste Weise in die Tiefen des Organismus. Außerdem wird der Tastsinn, der ja keineswegs etwa auf die Hände begrenzt ist, auch an den Füßen gereizt und gestärkt. Im Gehen tasten sich die Füße vor und erproben das Gelände. Entsprechend seinen Eigenschaften greifen die Fußsohlen den Boden und geben dabei Gleichgewichtsempfindungen an den Körper weiter, die alle Glieder und den Rumpf wie den Kopf zu Ausgleichsbewegungen im dynamischen Gleichgewicht veranlassen. Es entfaltet sich über den Buckeln und Kanten, Sandflächen und Steinen, Holzbohlen und Kieseln die Einheit von kleinmotorischen Fußbewegungen und großmotorischen Haltungsveränderungen, die wir »greifenden Gang« nennen können.

Das Greifen mit den Füßen kann man üben, indem man mit den Zehen Kiesel aufnimmt und sie ins Wasser wirft, das mit Wellenkreisen antwortet. Beim Wiederaufnehmen der Kiesel mit den Händen kann man die Wirkung des Wassers auf die Glieder spüren.

Die Schritte werden um so bewußter vollzogen, als sie im leicht ansteigenden Gelände verzögert werden. Zugleich werden sie aber beschwingt durch den ihnen entgegenströmenden Lauf des Wassers in der Reihe kleiner Schalen. Dessen Bewegung und Geräusch verstärken die Bewegungsimpulse der Gehenden, obwohl sie zugleich entspannend wirken.

Übrigens sind die Schalen so geformt, daß das Wasser in den ihm eigenen Strudelbewegungen von Schale zu Schale fließen kann; die Bewegungsform wird sogar derart verstärkt, daß es – wie durch eine Art von Massage oder Selbstrhythmisierung – am Ende mit der Spannkraft frischen Quellwassers ankommt und in den Schalen eine pulsende Bewegung von der einen zur anderen Schalenhälfte entwickelt. Es kann so geradezu heilende Kraft entfalten. Seine stärkende Selbstrhythmisierung im fallenden Fluß kann der bergan Gehende in seinen Schritten aufnehmen. In der Schule des Gehens werden Relieferfahrungen der Füße, besonders intensiv am Strand, und das Erleben von Wanderungen an Bergbächen verbunden. Das Gefühl, rascher und leichter voranzukommen, das durch einen entgegenkommenden Zug oder auf einem rollenden Teppich hervorgerufen wird, verbindet sich im Wasserlauf mit der Anregung zu eigenem Rhythmus.

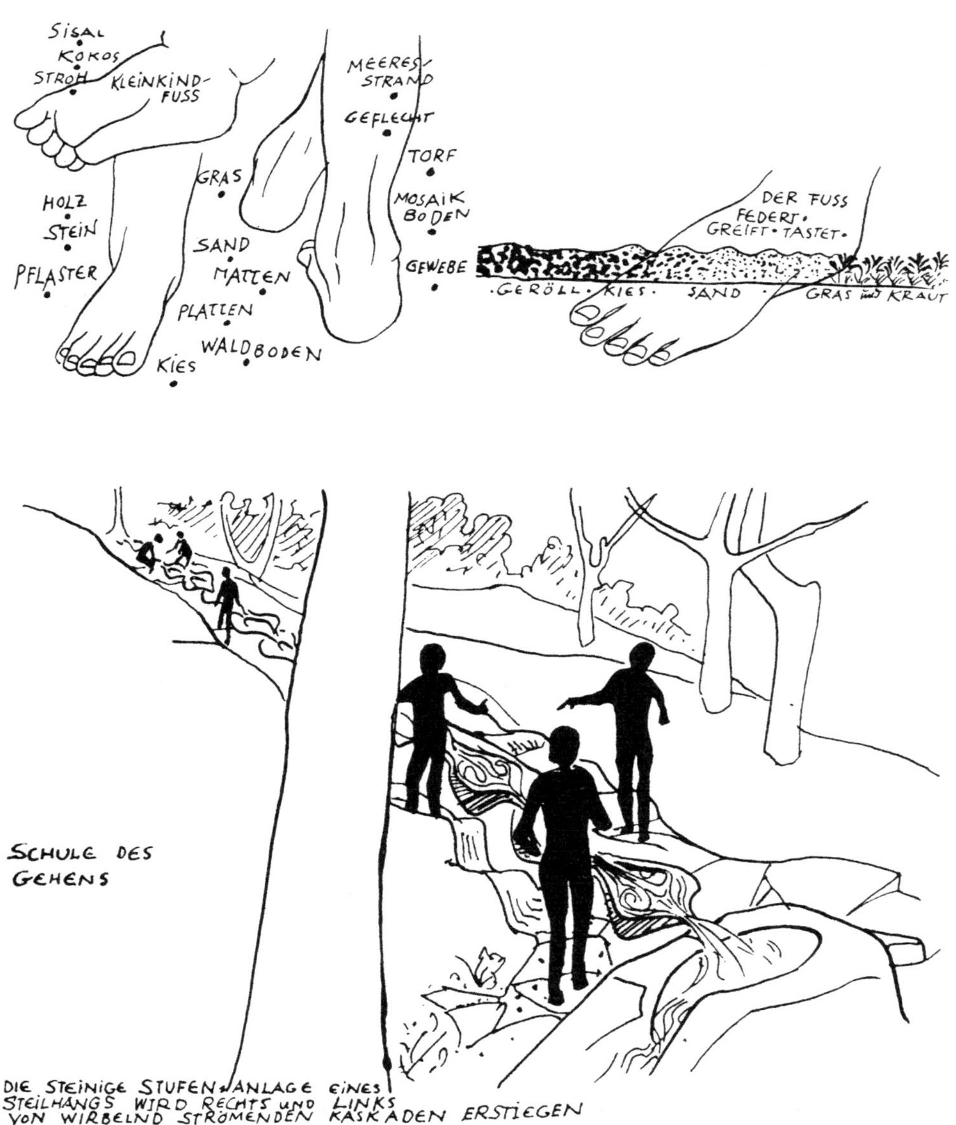

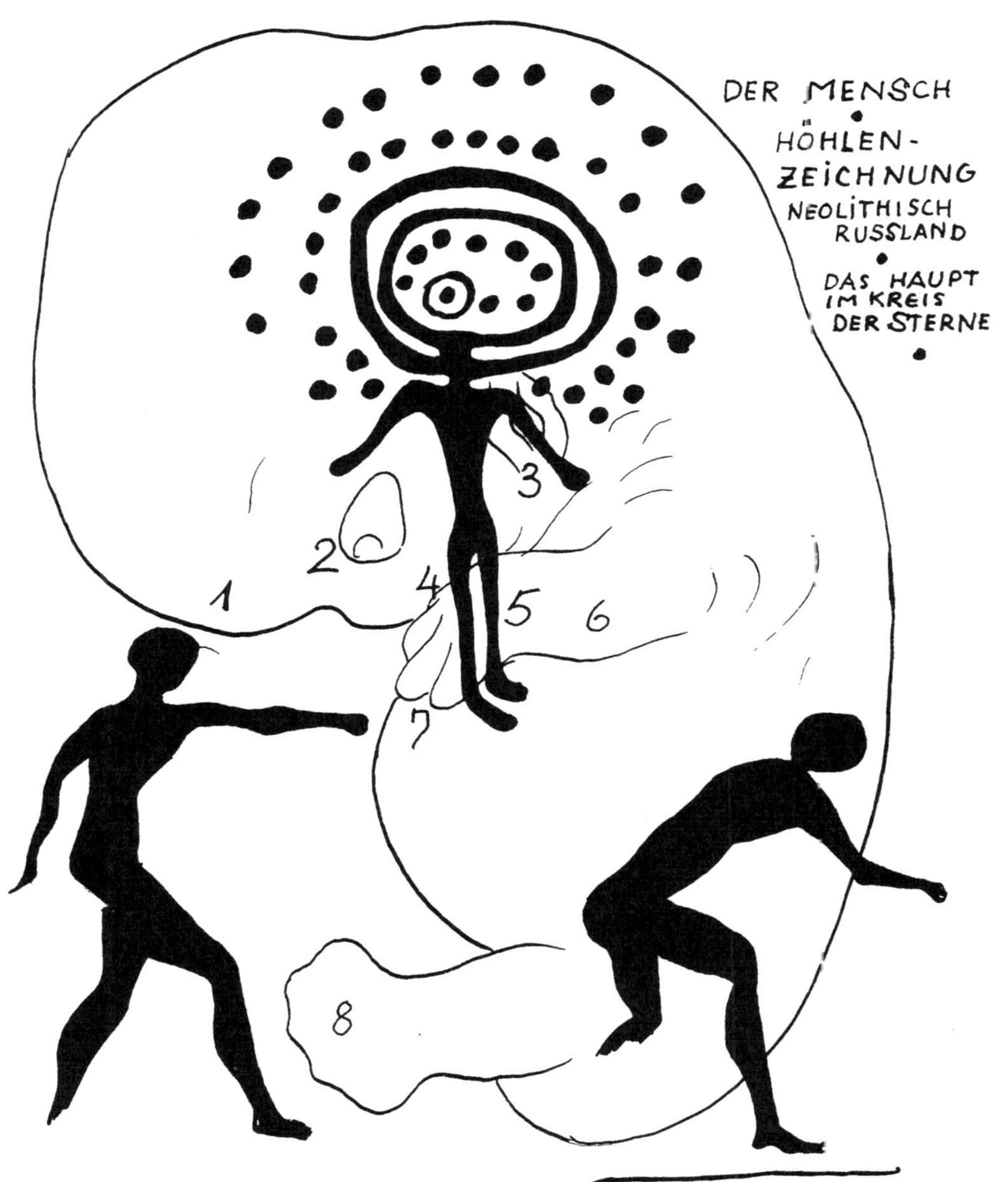

DIE EMBRYONALE ENTWICKLUNGS - EINHEIT VON : 1 ENDHIRN • 2 AUGE • 3 OHR • 4 NASE • 5 HAND 6 HERZ • 7 LEBER • 8 FUSS ••• ENDE 2. MONAT •

• VERGL. ERICH BLECHSCHMIDT •

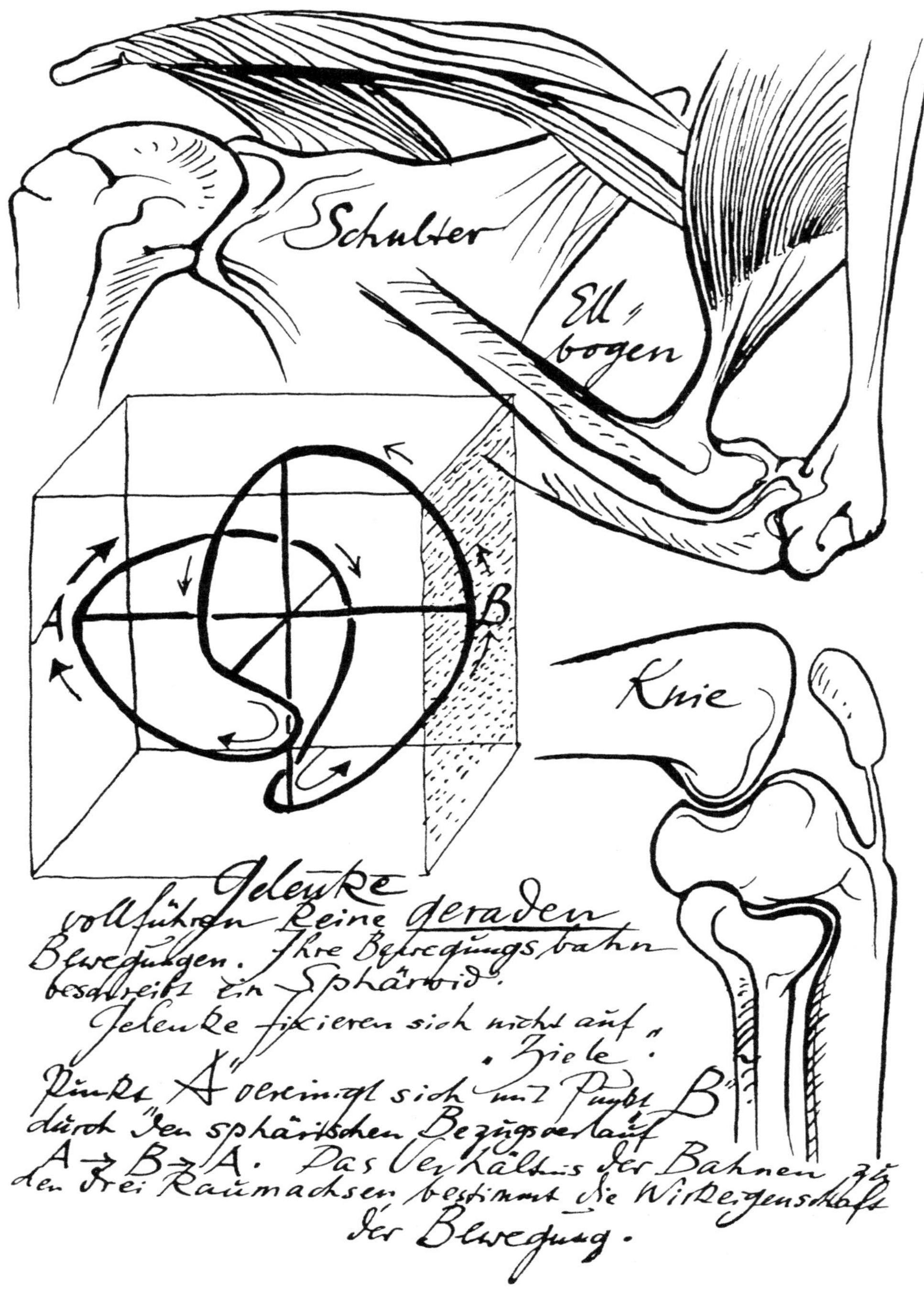
Schulter
Ell-
bogen
A
B
Knie
Gelenke
vollführen keine geraden
Bewegungen. Ihre Bewegungsbahn
beschreibt ein Sphäroid.
Gelenke fixieren sich nicht auf
„Ziele".
Punkt „A" vereinigt sich mit Punkt „B"
durch den sphärischen Bezugsverlauf
A→B→A. Das Verhältnis der Bahnen zu
den drei Raumachsen bestimmt die Wirkeigenschaft
der Bewegung.

Greifende Hand

Damit ist der erste Bereich sowohl in sich abgeschlossen als auch schon mit dem zweiten Bereich eng verbunden. Die Stationen 16, 17 und 18 dienen der Ausbildung der »greifenden Hand«. Sie bauen auf den Greifübungen und -erfahrungen der Stationen 10 bis 13 auf, in denen das Zugreifen und Anstoßen, das Festhalten und Hin- und Herbewegen mit den Händen wichtig ist. Dies sind die großmotorischen Funktionen der »greifenden Hand«. In den folgenden Stationen wird versucht, die weiteren Funktionen, die in dem Sammelbegriff dieses anthropologischen Modells ebenso gemeint sind, zum Bewußtsein zu bringen. Die Entwicklung von tastendem Gespür der Füße im Gang, wie sie die Station 15 als Zusammenfassung, aber auch Verfeinerung und Präzisierung der Geherfahrungen greifbar macht, ist dazu eine gute Vorbereitung. Auch das, was die Hände tun, spüren, aufnehmen und gestalten, schwingt durch den ganzen Körper.

Übertragung des handschriftlichen Textes:

Gelenke
vollführen keine geraden
Bewegungen. Ihre Bewegungsbahn
beschreibt ein Sphäroid.
Gelenke fixieren sich nicht auf
„Ziele".
Punkt „A" vereinigt sich mit Punkt „B"
duch den sphärischen Bezugsverlauf
A – B – A. Das Verhältnis der Bahnen zu
den drei Raumachsen bestimmt die Wirkeigenschaft
der Bewegung.

Schulter
Ellbogen
Knie

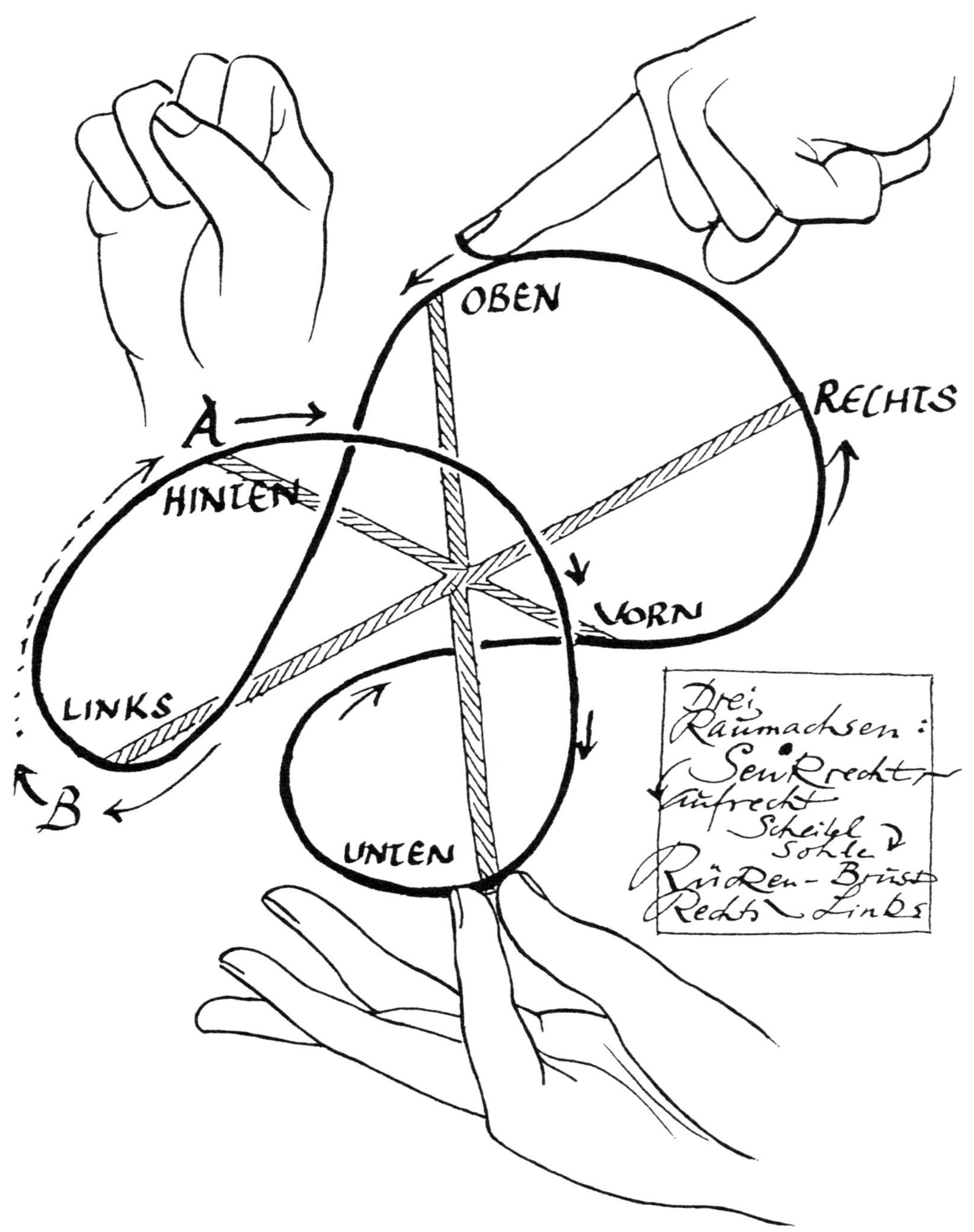
OBEN
RECHTS
A
HINTEN
VORN
LINKS
B
UNTEN
Drei Raumachsen:
Senkrecht
aufrecht
Scheitel
Sohle
Rücken - Brust
Rechts Links

Mythen

durchwalten,
falls wir sie uns gegenwärtig halten, als lebenzeugende Spurele-
mente unser Dasein. Von Zeus, dem Vater der Götter, heißt es im griechischen Mythos: er dachte und urteilte in der Wahrnehmung seines welterhaltenden Amtes durch die Weisheit seiner Gelenke: Sie zielen nicht. Indem unsere Hand sich ausstreckt nach einem Gegenstand verbindet sie sich mit ihm durch die sphärische Bewegung, die sie dabei ausführt und in die der Gegenstand als Mitbewegter einschwenkt. Die Götter halten die Welt in Ordnung aus der Ordnung ihres Leibes. Im Mythos kann der Mensch wahrnehmen, was ihn wahrmacht: in Sachen Lebens- und Weltverhalten.

· Hugo Kükelhaus. Mai 1982 ·

Übertragung der handschriftlichen Texte
der beiden vorangegangen Seiten (S. 112-113):

Drei
Raumachsen:
senkrecht –
aufrecht
Scheitel –
Sohle
Rücken – Brust
rechts – links

<u>Mythen</u>
durchwalten,
falls wir sie uns gegenwärtig hal=
ten, als lebenzeugende Spurele=
mente unser Dasein. ~ Von Zeus, dem Vater der Götter,
heißt es im griechischen Mythos: er dachte und urteilte in
der Wahrnehmung seines welterhaltenden Amtes durch die
Weisheit seiner Gelenke: Sie zielen nicht. ~ Indem unsere
Hand sich ausstreckt nach einem Gegenstand, <u>verbindet</u> sie sich
mit ihm durch die sphärische Bewegung, die sie dabei aus=
führt und in die der Gegenstand als <u>Mitbewegter</u> einschwenkt.
Die Götter halten die Welt in Ordnung aus der Ordnung ihres
Leibes. ~ Im Mythos kann der Mensch wahrnehmen, was
ihn wahrmacht: in Sachen Lebens= und Weltverhalten.

• Hugo Kükelhaus • Mai 1982 •

Übertragung des handschriftlichen Textes
der übernächsten Seite (S. 116):

Aufrechte
Tast=
flächen

Schema
der
Tast=Boxen

Vorhandene
Mauer

Schub=
deckel

Ziegelmauer-
Brüstung

DIE SPHÄRISCH
HANDELNDE
HAND
A
B

Aufrechte Tast=flächen
Vorhandene Mauer
Schema der Tast=Bogen
Schutz=deckel
Ziegelmauer-Brüstung

Tastgalerie

Die *Station 16* bietet eine Vielfalt von Formen und Oerflächenstrukturen an, die durch Betasten bestimmt werden können. Um mehr Konzentration auf das Fühlen, hier besonders der Hände, zu lenken, werden die verschiedenen Materialien für die Augen verdeckt angeboten. Unsere Gewohnheit, durch einen Blick auf den Gegenstand den Wahrnehmungen über den Tastsinn zuvorzukommen, läßt sich anders schwer lösen. Zugleich wird damit ein Wechselspiel von Verstecken und Entdecken, von Verhüllen und Enthüllen in Gang gesetzt, das Kleinkinder und Ältere besonders mit den Händen verbinden, wenn sie Dinge in der Hand bergen, das Handinnere in der Faust verschließen und unter bestimmten Bedingungen wieder zum Vorschein bringen.

Man kann mit den verschiedenen Abteilungen der Tastgalerie Ratespiele verbinden. Jedenfalls werden die Strukturen und die Wahrnehmungen, die sie hervorrufen, im Vergleichen erst für eine bleibende Erfahrung deutlich. Außerdem ist es wichtig, vom Zugreifen zum Betasten überzugehen. Im Zugreifen ergeben sich nur Wahrnehmungen verschiedenen Druckes und verschiedener Grade von warm und kalt. Erst im Betasten, d.h. im leichten Hingleiten über die Flächen und im vorsichtigen Umfahren der Gegenstände werden besondere Qualitäten, Strukturen fühlbar. Um Fingerspitzengefühl zu entwickeln, sind auch leichte Abstände zu der Sache notwendig, in denen die Fingerspitzen um die Dinge spielen können wie die Zunge, wenn sie etwas genau oder genießerisch kosten will.

Eine Reihe von unverdeckten Tafeln lädt zum Abtasten sichtbarer Strukturen ein – von Maserung bis zu Würfelfeldern. Die verdeckten Materialien sind nach »polaren oder komplementären Eigenschaften wie rauh und glatt, hart und weich, starr und elastisch, dicht und locker« *(H.K.)* usw. angeordnet.

Kinder betasten alle Gegenstände, um sie kennenzulernen, und zwar immer wieder.

Blinde »lesen« nicht nur die Schrift, sondern auch die Beschaffenheit der Umwelt mit den Händen. Indem wir jemandem die Hand gehen, bekommen wir auch ein besseres Gespür für ihn. In alten Gesellschaftsspielen wurden unter dem Tisch zu erratende Gegenstände von einem zum anderen gereicht. Die neuesten Ansätze der Kunstpädagogik für Kinder und Erwachsene setzen bei solchen Wahrnehmungen an, wie es die Montessori-Schulen schon lange tun.

BOXEN

· SCHEMA ·

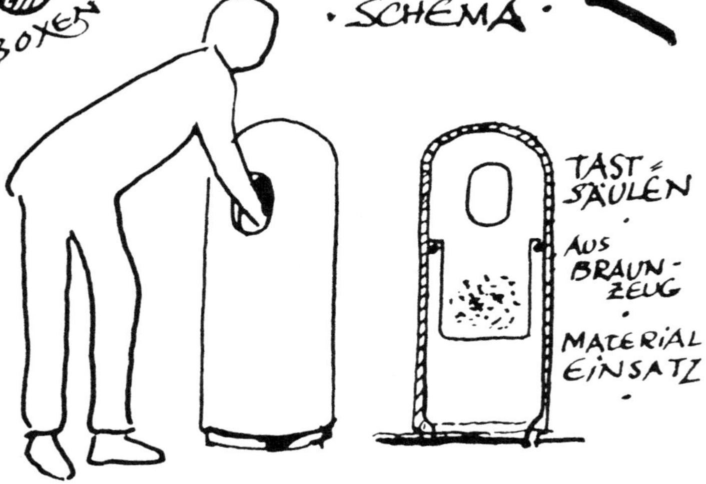

TAST= SÄULEN ·

AUS BRAUN- ZEUG ·

MATERIAL EINSATZ ·

DAS AUS= GESETZT- SEIN IN EINEM LABYRINTH IST STÄRKSTER ANSPORN ZUR ENTWICKLUNG ALLER FÄHIGKEITEN DES EMPFINDENS UND WAHRNEHMENS — INSBESONDERE DES HAUT= ODER TAST- SINNES IN FÜSSEN UND HÄNDEN.

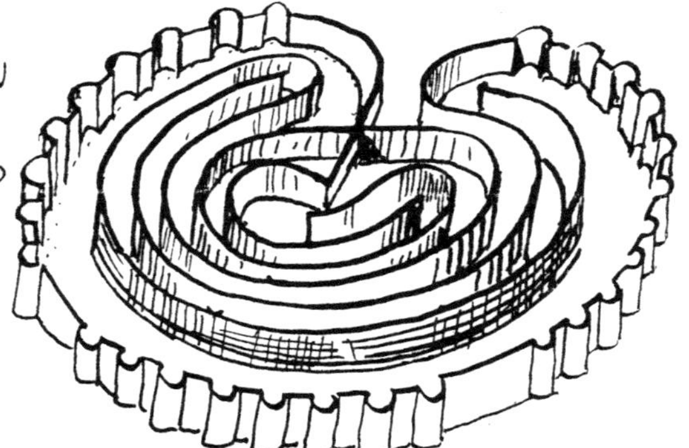

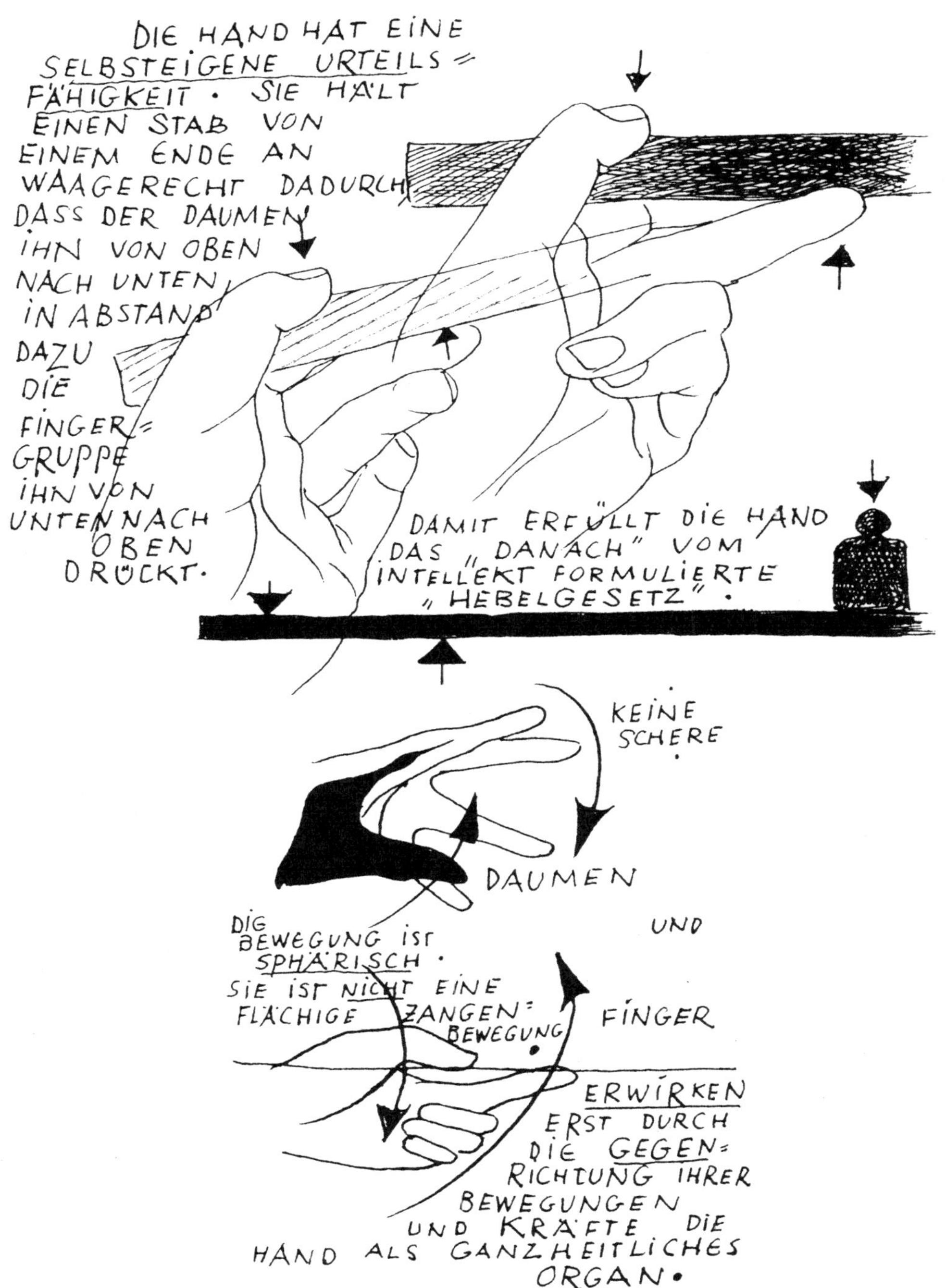
DIE HAND HAT EINE SELBSTEIGENE URTEILS=FÄHIGKEIT. SIE HÄLT EINEN STAB VON EINEM ENDE AN WAAGERECHT DADURCH, DASS DER DAUMEN IHN VON OBEN NACH UNTEN, IN ABSTAND DAZU DIE FINGER=GRUPPE IHN VON UNTEN NACH OBEN DRÜCKT.
DAMIT ERFÜLLT DIE HAND DAS „DANACH" VOM INTELLEKT FORMULIERTE „HEBELGESETZ".
KEINE SCHERE.
DAUMEN
UND
FINGER
DIE BEWEGUNG IST SPHÄRISCH. SIE IST NICHT EINE FLÄCHIGE ZANGEN=BEWEGUNG.
ERWIRKEN ERST DURCH DIE GEGEN=RICHTUNG IHRER BEWEGUNGEN UND KRÄFTE DIE HAND ALS GANZHEITLICHES ORGAN.

VORGEBURTLICHE BEWEGUNGSGESTIK

Handspiele – Handzeichen

Die *Station 17* gibt verschiedene Umsetzungen dieser Erfahrungen zu begreifen. Plastische Stoffe wie Ton fordern dazu auf, aus dem Betasten und Fühlen zum Formen überzugehen. Dies ist eine weitere wichtige Funktion der »greifenden Hand«: die gestaltende Hand, die eingreift. Die Spuren dieses Eingreifens bleiben in dem Material als Gestalt wie, auf der Oberfläche, als Abdruck der Hand, der Finger, der Haut durch ihre Linien zurück. Im Gestalten von Gegenständen, das sich aus diesen Grunderfahrungen weiterentwickelt, kann man sich z.B. in der Töpferwerkstatt üben, die im Gartenhaus eingerichtet werden soll.

Mit den Tast- und den Gestaltungserfahrungen der Hände spielen viele »Fingerübungen« und »Handspiele« der verschiedensten Völker und Traditionen. Einige, wie z.B. das uns vertraute »Fädenabnehmen«, werden hier praktisch in Erinnerung gerufen.

Schließlich gehört aber auch die Funktion der bezeichnenden Hand, der Zeichen gebenden Hand, zum Funktionszusammenhang der »greifenden Hand«. Bildtafeln von Handsprachen und -gesten, wieder aus ganz verschiedenen Traditionen, fordern zur Nachahmung auf. Dabei ist es besonders interessant, zu beobachten, wie eng die Bedeutung des Handzeichens jeweils mit entsprechenden Wahrnehmungen des Greifens, Tastens, Gestaltens zusammenhängt; wie frei davon die Finger und der Handteller zur Darstellung von anderen Wahrnehmungen verwandt werden; wie abstrakt auch das Verhältnis von Zeichen und Darstellungsvorgang sein kann; wie stark wir bei einem Handzeichen, das wir machen, mit unserer ganzen Person beteiligt zu sein empfinden oder nicht. Dabei spielen das Öffnen und Sichverschließen ebenso stark mit wie vorgeburtliche Greifbewegungen als »Wachstumsbewegungen«.

Die Station 18 steht noch zur Erweiterung zur Verfügung.

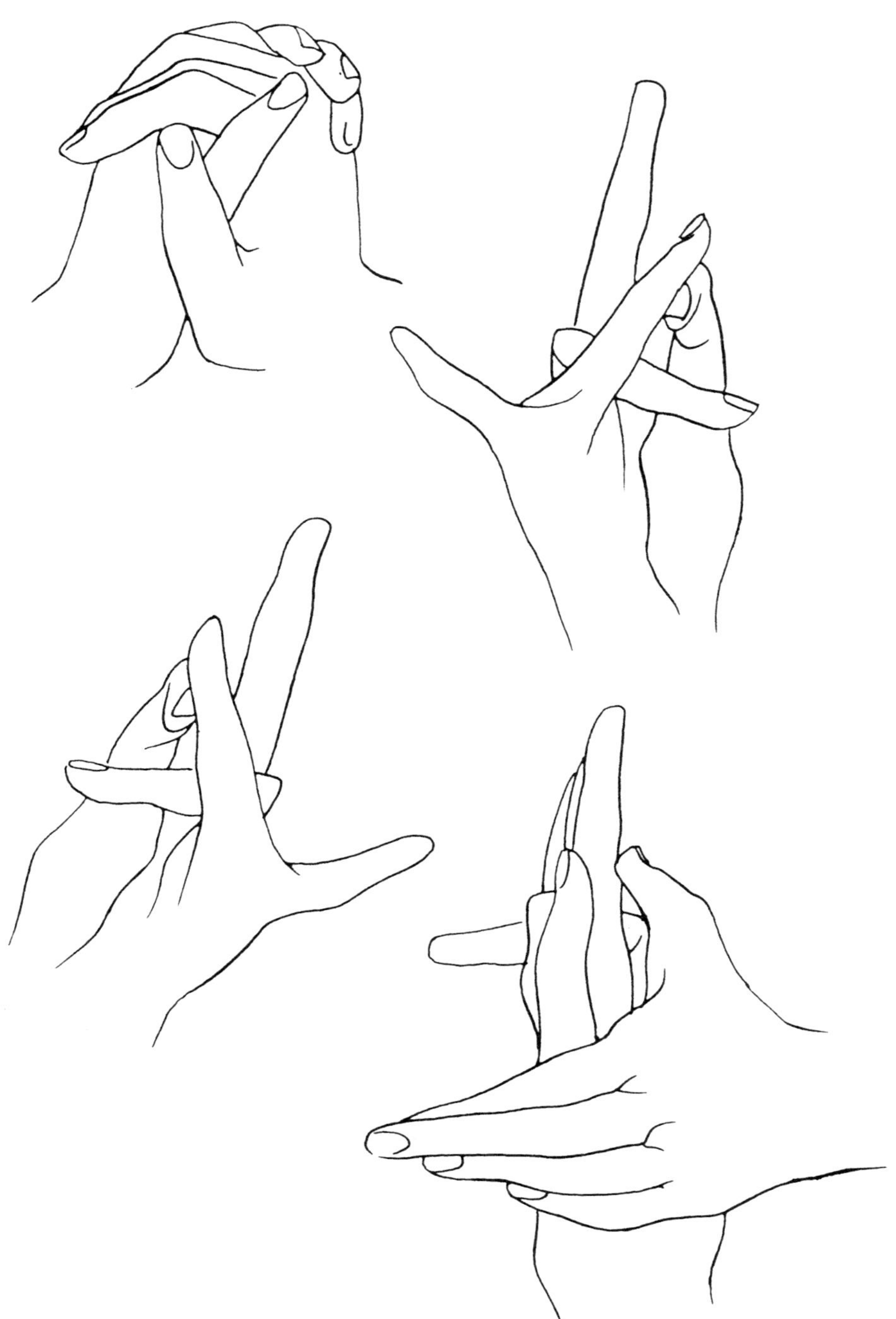

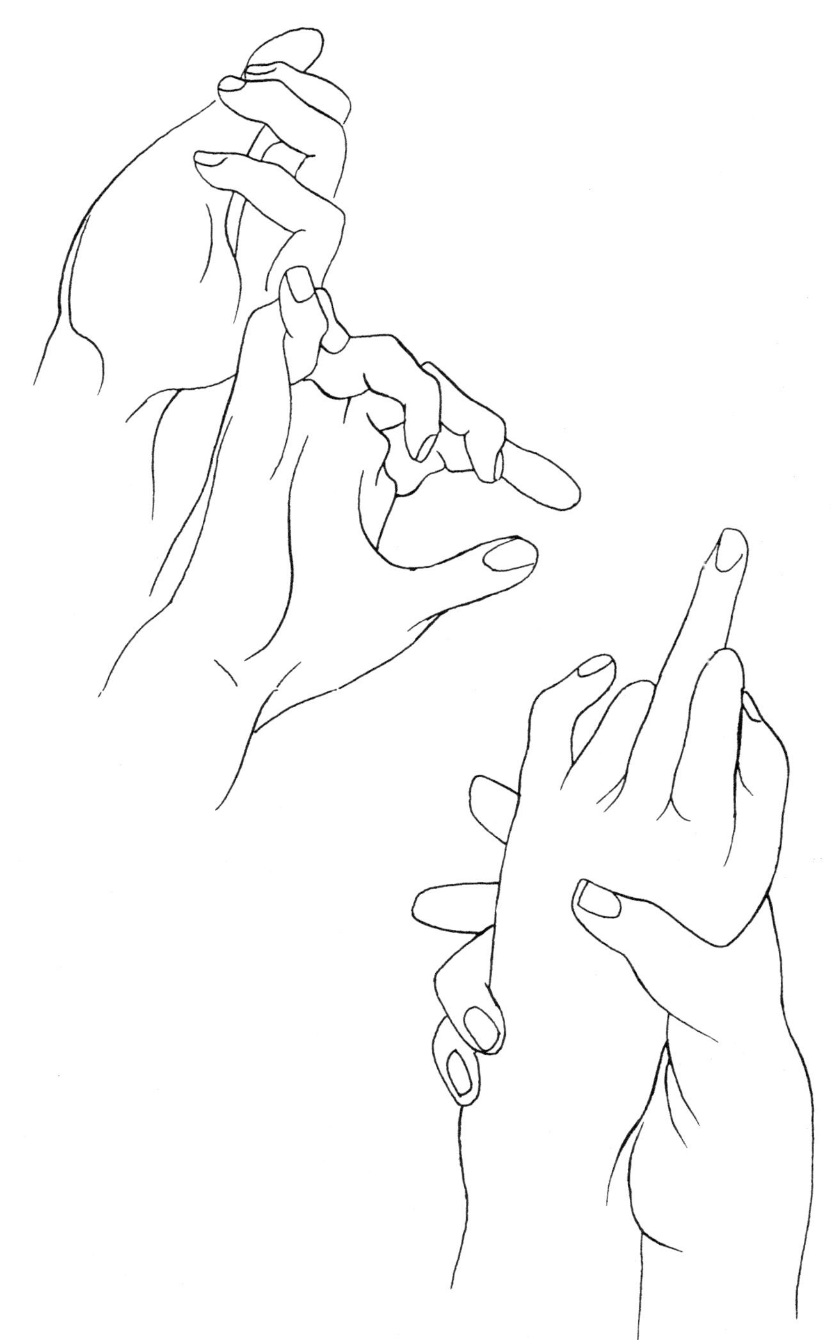

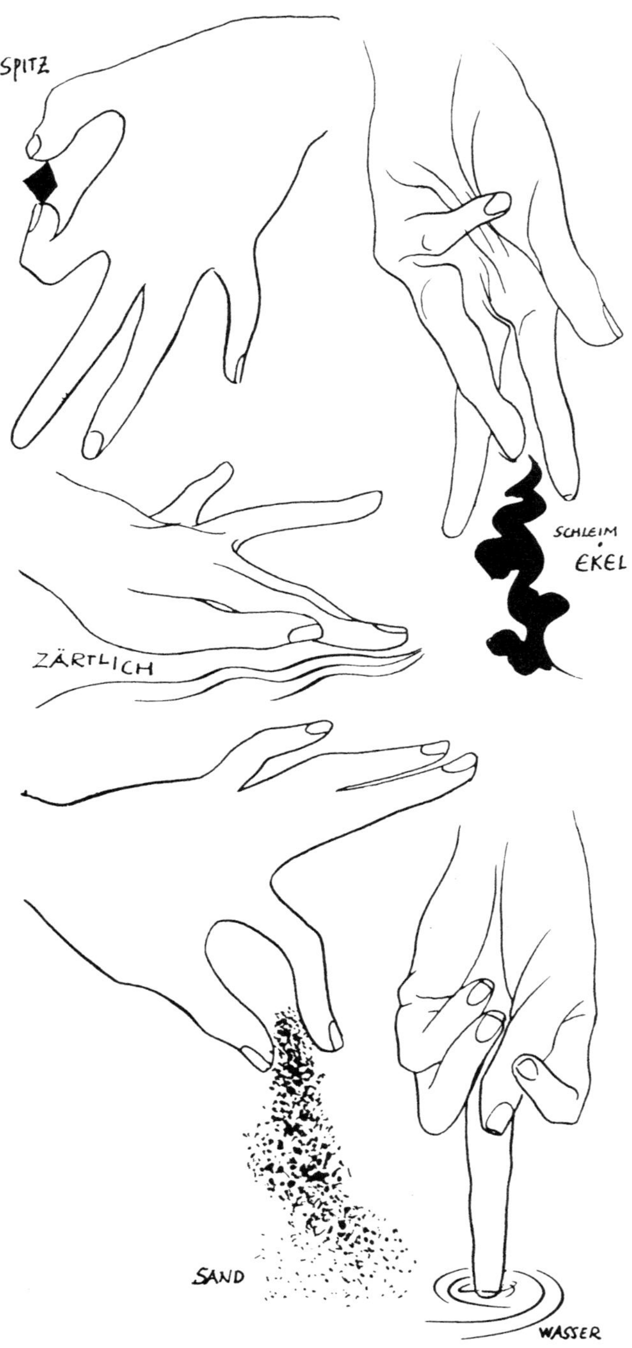
SPITZ
SCHLEIM
EKEL
ZÄRTLICH
SAND
WASSER

Hände: tastend.
greifend.
spielend,
heilend und
vor allem und
in allem:
sprechend.

„TON KNETEN"
MIT DEN FÜSSEN

MIT DEN
HÄNDEN

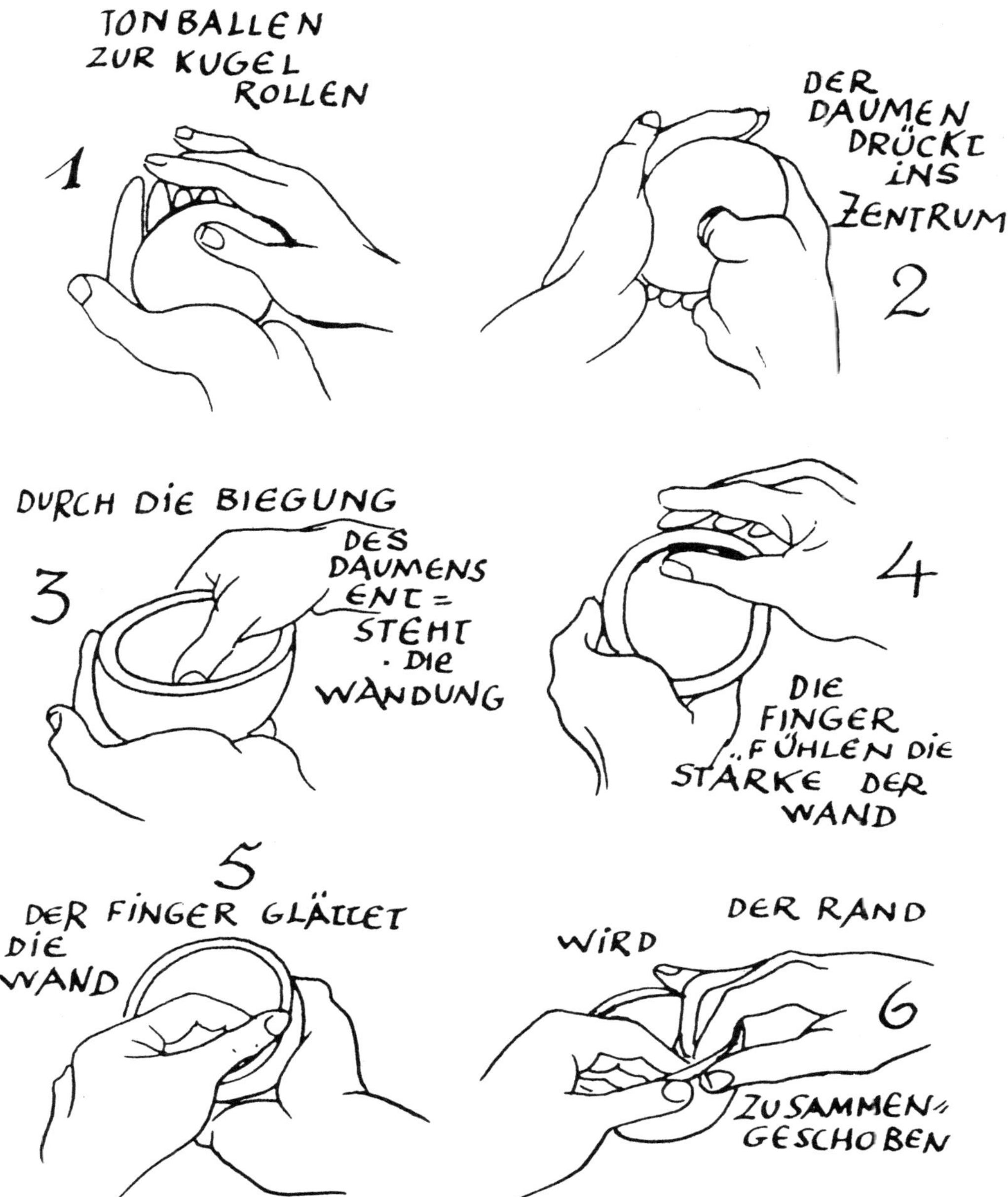
TONBALLEN ZUR KUGEL ROLLEN
1
DER DAUMEN DRÜCKT INS ZENTRUM
2
DURCH DIE BIEGUNG DES DAUMENS ENT= STEHT DIE WANDUNG
3
4
DIE FINGER FÜHLEN DIE STÄRKE DER WAND
5
DER FINGER GLÄTTET DIE WAND
DER RAND WIRD ZUSAMMEN= GESCHOBEN
6

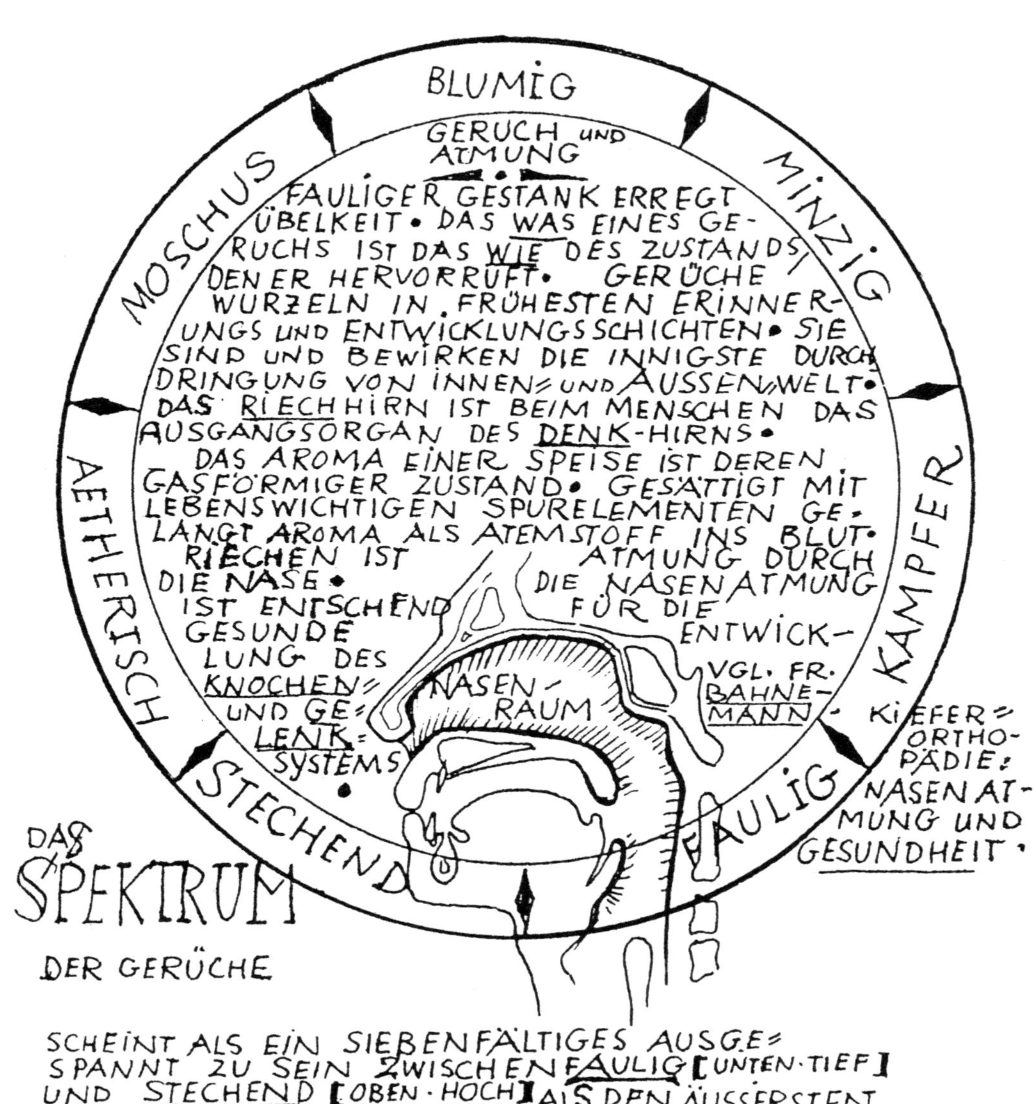

DAS SPEKTRUM DER GERÜCHE

SCHEINT ALS EIN SIEBENFÄLTIGES AUSGESPANNT ZU SEIN ZWISCHEN FAULIG [UNTEN·TIEF] UND STECHEND [OBEN·HOCH] ALS DEN ÄUSSERSTEN POLEN•

Geruch

Ins Gegensatz besonders zum Gesichtssinn ist der Geruchssinn sicherlich in der Entstehungsgeschichte der menschlichen Gattung früh stark entwickelt und von großer Bedeutung gewesen. Ähnlich wie auch das Tasten und Fühlen wurde beim aufrecht gehenden Menschen die Orientierung durch den Geruch von distanzierteren Sinnen weitgehend ersetzt. Die Nähe zum riechenden Gegenstand tritt nur im gelegentlichen Wechsel mit einer Erfassung durch den Blick, der schon von weitem Wichtiges zu erkennen vermag, in den Kreis unserer Orientierungs- und Bestimmungsfähigkeiten wieder ein. Dabei sind auch weithin wahrnehmbare Gerüche, bei den Menschen der Industrieländer zumindest, für die Aufmerksamkeit in den Hintergrund getreten. Vielleicht sind gerade darum Erinnerungen und Situationsbestimmungen, die uns in der Verbindung mit einem unerwartet auftauchenden Geruch gegenwärtig werden, wie dem von Kartoffelfeuern für manche, für andere von besonderen Blüten usw., Ereignisse in tiefsten seelischen Schichten. Die Gerüche werden in unserem Gelände auch als eine Einleitung zu dem folgenden Bereich der »Orientierungen« verstanden.

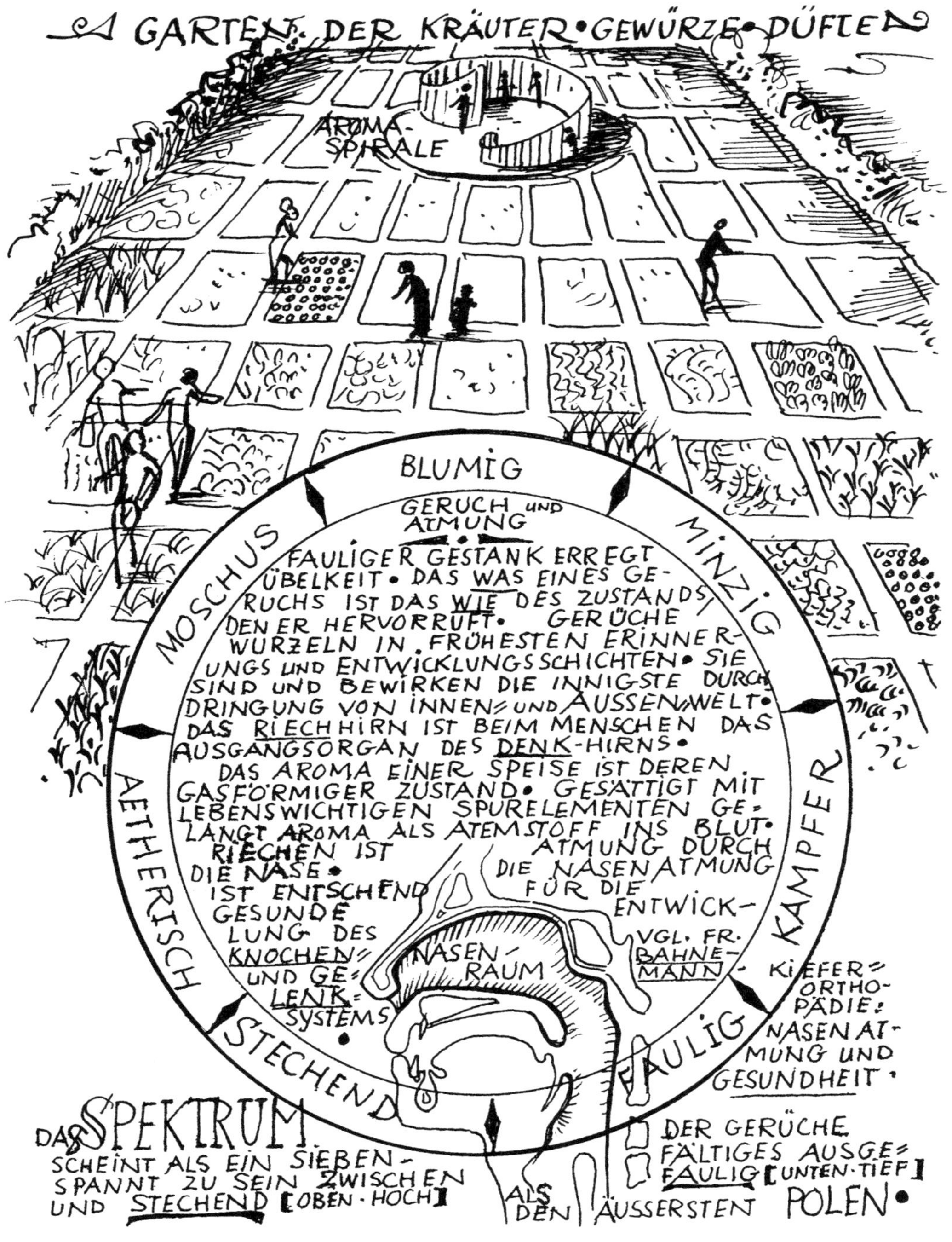

GARTEN DER KRÄUTER • GEWÜRZE • DÜFTE
AROMA SPIRALE
BLUMIG
MINZIG
KAMPFER
FAULIG
STECHEND
AETHERISCH
MOSCHUS
GERUCH UND ATMUNG
FAULIGER GESTANK ERREGT ÜBELKEIT • DAS WAS EINES GERUCHS IST DAS WIE DES ZUSTANDS, DEN ER HERVORRUFT • GERÜCHE WURZELN IN FRÜHESTEN ERINNERUNGS UND ENTWICKLUNGSSCHICHTEN • SIE SIND UND BEWIRKEN DIE INNIGSTE DURCHDRINGUNG VON INNEN= UND AUSSENWELT • DAS RIECHHIRN IST BEIM MENSCHEN DAS AUSGANGSORGAN DES DENK-HIRNS •
DAS AROMA EINER SPEISE IST DEREN GASFÖRMIGER ZUSTAND • GESÄTTIGT MIT LEBENSWICHTIGEN SPURELEMENTEN GELANGT AROMA ALS ATEMSTOFF INS BLUT •
RIECHEN IST ATMUNG DURCH DIE NASE • DIE NASENATMUNG IST ENTSCHEND FÜR DIE GESUNDE ENTWICKLUNG DES KNOCHEN= UND GELENKSYSTEMS •
NASENRAUM
VGL. FR. BAHNEMANN •
KIEFER= ORTHOPÄDIE: NASENATMUNG UND GESUNDHEIT •
DAS SPEKTRUM DER GERÜCHE SCHEINT ALS EIN SIEBENFÄLTIGES AUSGESPANNT ZU SEIN ZWISCHEN FAULIG [UNTEN · TIEF] UND STECHEND [OBEN · HOCH] ALS DEN ÄUSSERSTEN POLEN •

Kräutergarten

Die *Station 18* soll das Universum der Gerüche im vergleichenden Nebeneinander zugänglich machen. Die Gerüche werden so angeboten, wie Pflanzen sie in ihren Blättern und Blüten, Früchten und Säften ausbilden, das bedeutet, daß immer Luft und Sonnenwärme die jeweilige Entfaltung bestimmen, vor allem aber, daß durch die Jahreszeiten die vorherrschenden Gerüche wechseln. Außerdem erscheinen sie in der Verbindung mit den sichtbaren Farben und Formen von Pflanzen. Ebenso sind die Wirkungen und Anwendungen vielfältig: Der Duft begleitet Heilfunktionen. Haltbar-Machen und Würzen von Speisen. Die Auswahl und die Anordnung soll die Tradition wieder aufnehmen, in der wir viele dieser Kräuter erst kennengelernt haben: Der Kräutergarten in der Aachener Pfalz Karls des Großen (um 800) hat uns überliefert, wie damals die Mönche ihre Kräuterkunde zur Anlage von Kräutergärten benutzten; durch ihre europäische Verbreitung und ihre geschichtlichen Verbindungen bis nach Kleinasien führten die Mönchsorden viele bei uns nicht heimische Kräuter ein, auch andere Pflanzen wie z.B. den Kirschbaum. Neben ihrem Duft und ihrer Würze haben manche der im Mittelalter noch üblichen Kräuter – Geruchs- und Geschmackssinn gehören eng zusammen, schon über die gemeinsam wahrnehmenden Schleimhäute von Mund und Nase – übrigens auch rauschhafte Wirkung wie z.B. das Bilsenkraut, das man dem Bier zusetzte (»Pilsener«). An den Rändern pflanzen wir Kräuter, die ältere Bedeutung haben, aber unter der mönchischen Kultur vergessen oder verdrängt wurden.

Solche Kräuter gehören zu den meisten Klosteranlagen; deshalb wurde für Cappenberg diese Form und Überlieferung gewählt, um an die Epoche des Prämonstratenserordens an diesem Ort zu erinnern. Sie wurden aber auch bei Herrschersitzen und von Bürgern angelegt, während Bauern und Handwerker ihre geringe Auswahl entweder in der freien Natur oder in bescheideneren Gärten fanden. Die Entdeckung der orientalischen Gewürze wie Pfeffer, Muskat, Ingwer und all der anderen durch die Kreuzzüge und der umfangreiche Import durch den anschließenden Mittelmeerhandel haben die mittelalterliche Kräuterkultur in ihrer Bedeutung entscheidend zurückgedrängt; ebenso die späteren Entdeckungen und Importe aus den übrigen Teilen der Welt.

Mit einem bedeutungsvoll wechselnden, zum Geruch »sprechenden« Duft um einen Menschen oder in einem Raum zu bestimmten Gelegenheiten eine besondere Atmosphäre zu schaffen, war immer schon Brauch, besonders zu kultischen Anlässen – z.B. Weihrauch von Harz – oder erotischen Begegnungen. Diese Stimmung der Sinne wurde in der protestantisch-puritanischen Neu-

Arzneipflanzen, Kräuter- u. Gewürzgarten
in der Mitte Rotunde der Aromen
(Duftorgel)

zeit verpönt. Die exotischen Vorbilder wurden Anreiz zur Wiederbelebung, aber sind nicht allgemeine Lebensgewohnheiten. Nur die »parfums« setzten sich durch, zunächst aber auch nur in »gebildeten Kreisen«, und weitgehend zur Neutralisierung unangenehmer Gerüche in einer Zeit, als man sich nicht wusch. Das Aroma, der Duft wird oft erst ganz frei, indem man ein Stückchen vom Blatt oder der Blüte zwischen den Fingern zerreibt. Das ist in einem Garten, der so vielen Menschen zur Verfügung stehen soll, leider nicht möglich. Alle vorstellbaren Gerüche sind deshalb in der Duftorgel in der geeigneten Form der Duft spendenden Stoffe und konzentriert zugänglich.

Die Duftorgel

Die *Station 19* faßt in 32 Rohren alle Grundcharaktere von Gerüchen und ihre Varianten zusammen. Zwischen einem »äußersten und höchsten Geruchspol: dem Ätzend-Stechenden« und einem »tiefsten und untersten Geruchspol: dem Fauligen« *(H.K.)*, sind alle Möglichkeiten vergleichend erfahrbar. Sie sind in ihrer Wirkung auf unseren Geruchssinn Druck- und Gestaltwirkungen auf den Tastsinn vergleichbar, wie sie in der Tastgalerie angeboten werden, und sind nach diesen Charakteren vom »Stechenden«, das uns »in die Nase sticht«, bis zum »Fauligen« hin geordnet, das rundlich-wabernd dargestellt werden kann. Diese Darstellungen der Charaktere stimmen mit der Gestalt der jeweils den Geruch ausmachenden kleinsten Partikel überein, die damit auch in unterschiedlicher, charakteristischer Weise auf unsere Schleimhäute auftreffen. Die Duftorgel dient also nicht nur dem Zugang zu allen Geruchsrichtungen in voll entfalteter Form, sondern macht auch auf systematische Unterschiede nach Grundtypen von Gerüchen aufmerksam. »Wie beim Tasten werden nicht nur Stimmungen in uns wach, auch der Verstand ist beteiligt, indem diesen Stimmungen Gestaltbilder zugeordnet werden, die untereinander in begrifflich faßbaren Verhältnissen stehen.

Übertragung des handschriftlichen Textes:

Arzneipflanzen=, Kräuter= und Gewürzgarten
in der Mitte Rotunde der Aromen (Duftorgel)

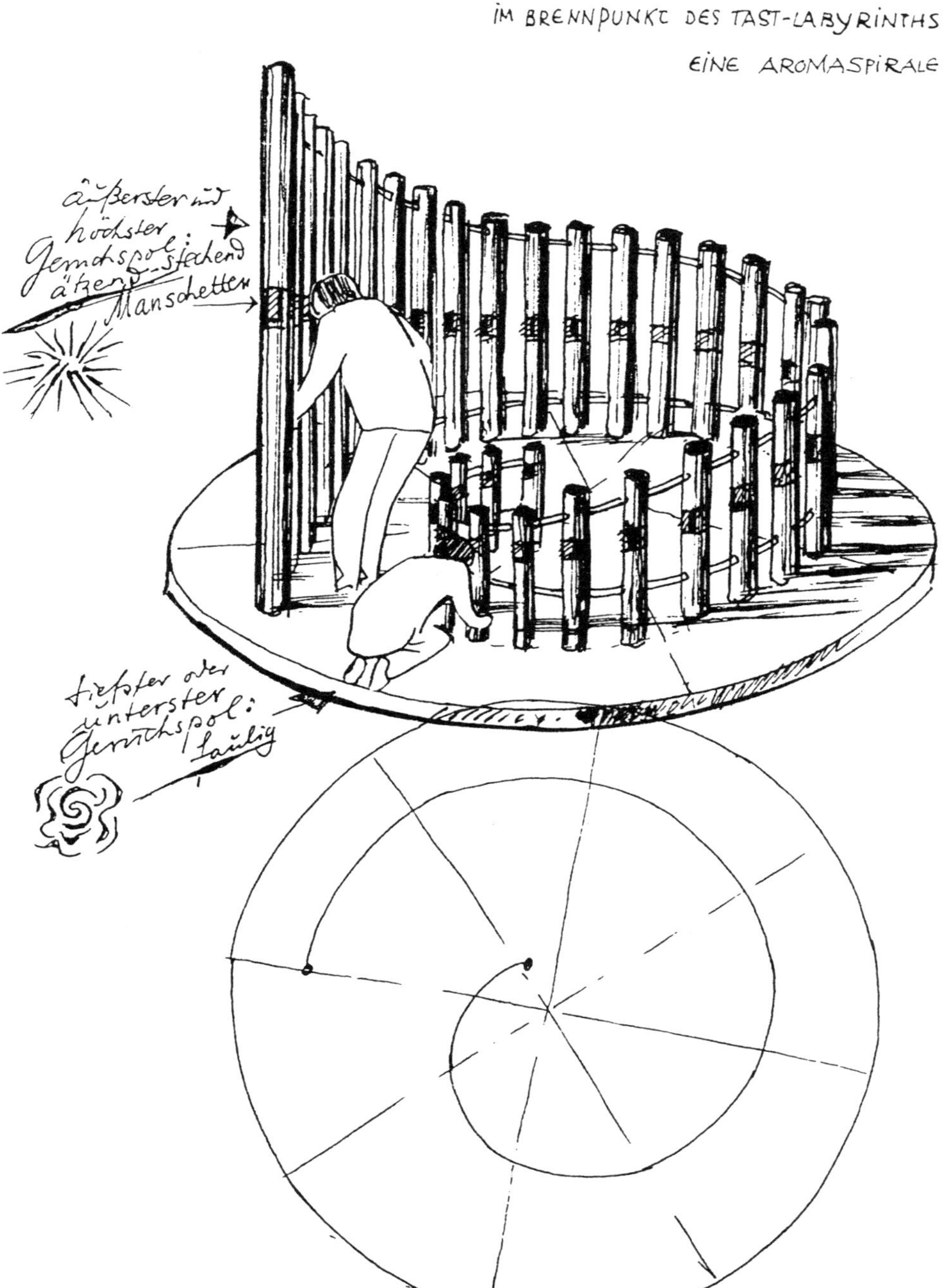
IM BRENNPUNKT DES TAST-LABYRINTHS
EINE AROMASPIRALE
äußerster und höchster Geruchspol: stechend ätzend
Manschetten
tiefster oder unterster Geruchspol: faulig

Die sieben Grundgerüche sind:

1. kampferartig, 2. moschusartig, 3. blumig,
4. minzig, 5. ätherisch, 6. stechend, 7. faulig.

Die Moleküle zeichnen sich durch verschiedene Formen aus:

1. Kampfer = kugelförmig, 2. Moschus = scheibenförmig,
3. blumig = scheibenförmig mit beweglicher Zunge,
4. minzig = keilförmig, 5. ätherisch = stäbchenförmig.

Stechend und faulig beruhen wahrscheinlich auf elektrischen Verhältnissen. In den aufgestellten Schalen befinden sich nicht nur die Geruchssubstanzen, sondern auch verschiedene Mischungen. Das entscheidend Besondere der Gerüche liegt darin, daß ihre Wahrnehmung so unmittelbar wie bei keiner anderen Sinnesleistung eine Änderung der Empfindungslage des Wahrnehmenden ist. Das Riechen ist unter allen Sinnesvorrichtungen die am tiefsten wirksame. Gerüche senken gewissermaßen ihre Wurzeln in früheste Erinnerungsschichten.« *(H.K.)*

Die Aroma spendenden Stoffe sind zwar weitgehend Naturprodukte wie Moschus oder Amber, aber die Gesamtanordnung hat eher naturwissenschaftlich experimentellen Charakter. Vorbilder finden sich auch nur in schriftlichen Beschreibungen und entsprechenden Gestalttafeln. Die Anordnung als Duftorgel wurde erst jetzt entwickelt und erst an wenigen Orten aufgestellt.

Später soll in Cappenberg ein Raum geschaffen werden, in dem wir uns wesentlich an verschiedenen Gerüchen orientieren; diese könnten etwa nach der Systematik der Duftorgel in einem nicht zu hellen Saal aufgestellt und zu bestimmten Zeiten verbreitet werden. Die Orientierung hat dann von Quelle zu Quelle, von Mischung zu Reinheit ihre Anhaltspunkte.

Übertragung des handschriftlichen Textes:

äußerster und
höchster
Geruchspol:
<u>ätzend-stechend</u>

tiefster oder
unterster
Geruchspol:
<u>faulig</u>

Manschetten

Orientierungen

Die Stationen 20 bis 24 bilden eine gemeinsame Gruppe dadurch, daß sie alle in besonderer Weise sinnliche Möglichkeiten zur *Orientierung* darstellen. Das Labyrinth und die auf die Sonne ausgerichteten Stationen haben einen *kosmischen Bezug*.

Labyrinth

Die *Station 20* nimmt den Augen ihre Leitfunktion, indem der Überblick durch Hecken auf ein jeweiliges Stück des verschlungenen Weges begrenzt wird. Orientierung ist im Bezug auf den Sonnenstand und andere Himmelskörper – vor allem nachts den Sternhimmel – möglich; die eigene Bewegung wird auf deren Bewegung bezogen. Der andere Bezug ruht in den inneren Empfindungen der Gehenden, die unbemerkt in den Verschlingungen des Labyrinths Verschlingungen – Ein- und Ausstülpungen oder wie man sie nennen will – des menschlichen Innern nachvollziehen: die Windungen des Gehirns und der Verdauungsorgane z.B. Dabei üben wir, nicht immer die kürzeste Strecke zu einem Ziel zu wählen, sondern das Gehen, das Umkreisen eines Ortes zum Zweck zu erheben. Der Umgang um etwas ist Grundform des Umganges mit etwas, das man so von allen Seiten kennenlernt.

Die Übung im aufmerksam konzentrierten Gehen hilft hier, den Gang als solche Beschäftigung von eigener Bedeutung und als eine Weise der Umweltwahrnehmung auszuüben. Der Um-gang ist eine wichtige Funktion des »aufrechten Ganges«, die wir hier eigens betonen.

In der europäischen Vergangenheit gehörten Labyrinthe um dieser Möglichkeit willen noch zur Zeit Goethes zu jedem großen Park, in dem die weiteren Durchblicke der »Perspektiven« von Alleen und geometrischen Anlagen im Wechsel mit der Konzentration auf kleine in sich geschlossene Welten erlebt werden sollten. Zugleich war der Reiz des Rätsels, das da in Form eines Heckenweges nur mit einem Eingang und Ausgang aufgegeben wird, anziehend genug, zumal die verschlungenen Pfade auch ein Spiel von Sichverstecken und Wiedersichtbar-Sein ermöglichen. Im gotischen Mittelalter wurden Labyrinthzeichnungen als Bild kosmischer Ordnung am Boden der Kathedralen in den Stein gemeißelt, z.B. in Chartres. Je näher Kulturen ihr gesellschaftliches und individuelles Leben im Zusammenhang mit der Natur gestalten, desto zentraler ist auch die Bedeutung von Labyrinthen oder ähnlichen Formen bei ihnen, z.B. bei den alten Chinesen. Bei den Indianern z.B., die als Jäger weniger Bauten und Städte errichtet haben, werden die Tänze zu bestimmten kultischen Gelegenheiten als ähnlich in sich verschlungene Spiralbewegungen ausgeführt. Die Altarumschreitungen der katholischen Liturgie sind eine knappe Variante der gleichen Vorgänge, Umgänge, wir sagen auch »Umzüge«, wenn sie im Freien stattfinden. Ob die Hüpfspiele der Kinder im Kleinformat ebenfalls an diese Zusammenhänge anknüpfen?

Die *Station 21* wird der Erweiterung vorbehalten.

IM HECKEN-
LABYRINTH

Sonnenkreis

Die *Station 22* nimmt die kosmische Orientierung an einem besonders grundlegenden und in der ganzen Welt lebensbestimmenden Phänomen wieder auf: der Sonnenbahn. Jeweils ein bestimmter Stand der Sonne – der zu bestimmten Tagen des Jahres zu einer bestimmten Stunde erreicht wird – soll verortet werden, d.h. durch unverrückbare Zeichen an dem Ort der Beobachtung festgehalten werden. Steinblöcke markieren einen Kreis mit den sogenannten Himmelsrichtungen. Die auffallendsten Richtungen sind die des Sonnenaufgangs und die des Sonnenunterganges; lateinisch Orient und Okzident, deutsch Osten und Westen genannt. Jeden Tag geht die Sonne freilich an einem etwas anderen Punkt des Horizontes auf und an einem etwas anderen unter. Trotzdem haben wir uns an eine Ost-West-Achse gewöhnt, auf der die beiden Punkte einander genau gegenüberliegen. Ihre Verbindung geht als Gerade durch den Mittelpunkt des Kreises. Diese Darstellung, wie sie auch in der sogenannten Windrose auftaucht, entspricht weniger dem Makrokosmos der Gestirne um die Erde als dem Mikrokosmos unseres Körpers mit vorn und hinten, rechts und links, dessen Anordnung wir auf die Welt um uns projizieren. Im rechten Winkel zur Ost-West-Achse stellen wir eine Nord-Süd-Achse dar. Die Sonne gibt für sie nur den einen Punkt im Süden als Mittagspunkt oder Zenitstellung her. (Die vorherrschende Beziehung auf Nord hat durch die Entdeckung des Magnetpols in der Nähe des Nordpols eine veränderte Bedeutung erfahren, nachdem zuvor der Sirius als astronomische Orientierung diente.)

Wir haben hier einen sogenannten Kalenderbau einfachster Art geschaffen. Am Verhältnis des jeweiligen Sonnenstandes zu den Markierungen können wir den Tag und die Stunde ablesen. Solche und wesentlich komplexere Kalenderbauten haben wohl alle Kulturen gekannt. Ihre Bedeutung war um so größer, je abhängiger das Leben der Menschen von den Jahreszeiten und der Sonnenkraft war, aber auch je stärker die Gefahr war, die kultisch-wissenschaftlichen Kenntnisse wieder zu verlieren. Ein nahes Beispiel sind die Externsteine, ein entferntes die Tempel der Maya.

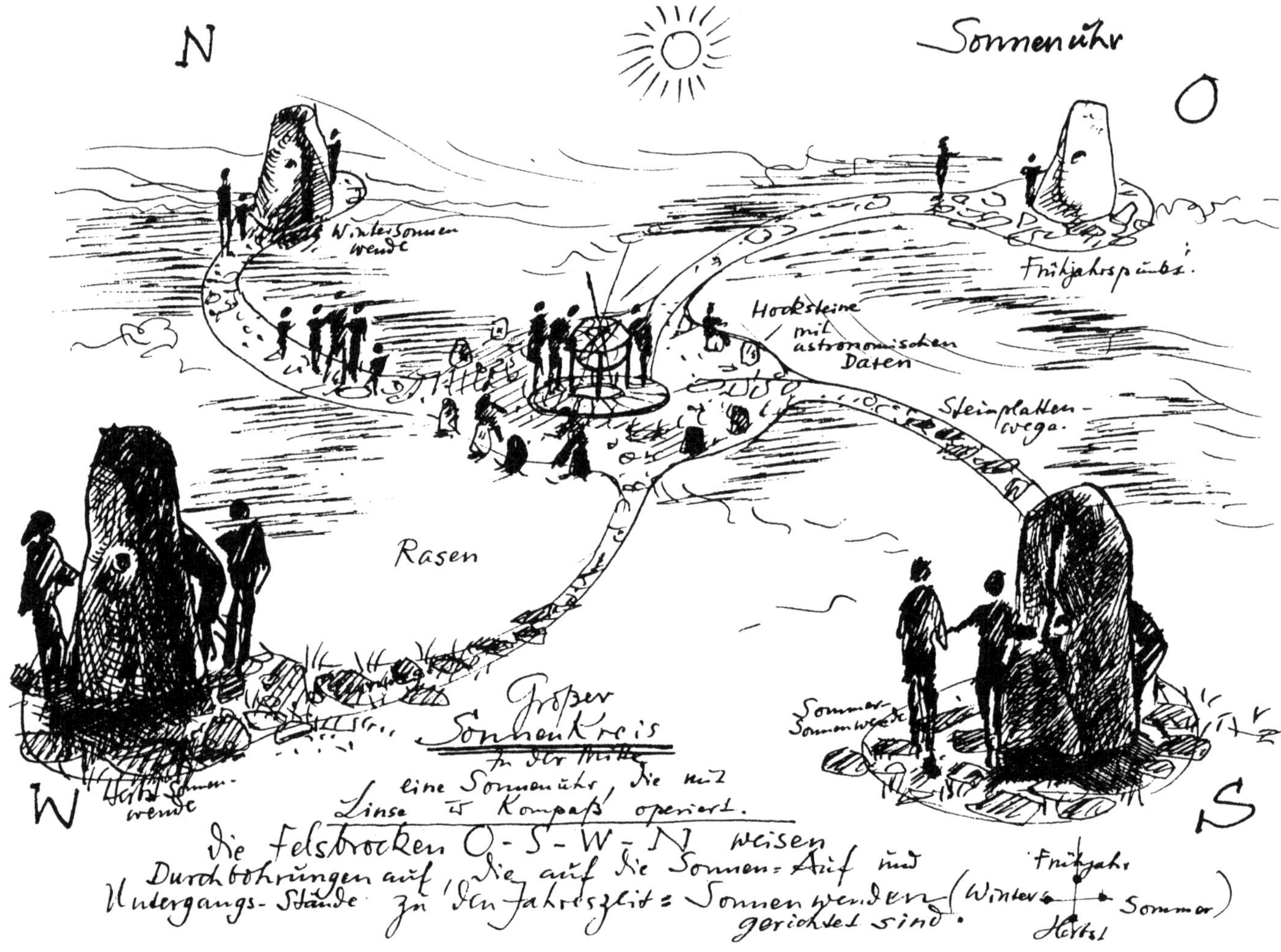
N
Sonnenuhr
O
Wintersonnenwende
Frühjahrspunkt
Hocksteine mit astronomischen Daten
Steinplattenwege
Rasen
Sommer-Sonnenwende
Herbst-Sonnenwende
W
S
Großer Sonnenkreis
in der Mitte eine Sonnenuhr, die mit Linse u. Kompaß operiert.
Die Felsbrocken O-S-W-N weisen Durchbohrungen auf, die auf die Sonnen-Auf und Untergangs-Stände zu den Jahreszeit = Sonnenwenden gerichtet sind.
(Winter Frühjahr Sommer Herbst)

Sonnenuhr

Die *Station 23* zeigt eine andere, hier kleine und moderne Form der gleichen Orientierungsmöglichkeit, die mit Linse und Kompaß operiert. Verstellbar und im ganzen beweglich erlaubt sie Sonnenstands- und kalendarische Bestimmungen. Ihre Angaben sind u.U. noch genauer als die im Sonnenkreis ablesbaren. Dafür fehlt hier das geographische Erleben im Zusammenhang mit dem Gang von einem Stein zum anderen und die feste Beziehung zum Ort, wie sie in anderen Gesellschaften als Kulttänze auch zur beschwörenden Nachahmung des Sonnenlaufes ausgeführt wurden, z.B. im alten Ägypten.

In ganz schlichten wie künstlerisch reich ausgestalteten Formen finden wir einfache Stabsonnenuhren in der Antike wie durch Mittelalter und Neuzeit.

Sonnenstein

Die *Station 24* dient mit ähnlichen Mitteln der wechselweisen Bestimmung von Sonnenstand, eigenem Standort und Jahres- bzw. Tageszeit. Um bestimmte Anweisungen heim Ablesen zu geben, hat der Stein bestimmte Formen erhalten, die im Gebrauch durch die Richtung des Blicks wie in der Bewegung und Stellung des Körpers zueinander in Bezug gebracht werden müssen.

Der Stein ist nach modernen wissenschaftlichen Angaben und in der künstlerischen Gestaltung, die sie in eine Steingestalt umsetzte, entstanden und nur an wenigen Orten vorhanden. Sie verbindet in gewisser Weise Vorzüge des Sonnenkreises auf viel kleinerem Raum mit Vorzügen der Sonnenuhr.

Übertragung des handschriftlichen Textes:

Großer Sonnenkreis
In der Mitte eine Sonnenuhr, die mit Linse und Kompaß operiert.
Die Felsbrocken O – (Frühjahrspunkt), S – (Sommer-Sonnenwende), W – (Herbst-Sonnenwende), N – (Winter-Sonnenwende), weisen Durchbohrungen auf, die auf die Sonnen= Auf- und Untergangs-Stände zu den Jahreszeit= Sonnenwenden gerichtet sind.

Wissen und Vertiefung

Die *Station 25*, das zentrale Gebäude für *Bibliothek, Werkstätten* und *Übungsräume,* dient der Vertiefung aller im übrigen Gelände angebotenen Erfahrungen, sowohl in praktischer wie in theoretischer Reflexion. Die Bibliothek stellt zur Verfügung, was in den modernen Wissenschaften und in traditionellen Wissensformen, soweit diese in irgendeiner Weise aufgezeichnet sind, über die im Gelände begegnenden Phänomene, über ihre Zusammenhänge untereinander in der Natur wie über unsere menschlichen Beziehungen – als einzelne wie als ganze Gesellschaft – zu ihnen bekannt ist. Darin unterscheidet sich Cappenberg nicht von anderen Bildungsstätten, deren Ansprüchen wir ebenfalls genügen wollen. Bildtafeln zur Sozialgeschichte der Haltungen und Bewegungen des Menschen sowie der Sinneswahrnehmungen und -vermögen veranschaulichen, wie verschiedene Kulturen, besonders die unsere in ihren aufeinanderfolgenden Epochen sich zu den Phänomenen der äußeren Natur und den Vermögen der inneren der Menschen selbst also, verhalten haben, wie sie mit ihnen umgingen, welchen Gebrauch sie machten und welchen nicht, auch welche Folgen und Bedeutungen das für die Lebensweise der Menschen und ihren Umgang miteinander hatte. Hauptbeispiel für diese Methode sind die Bildtafeln von Aby M. Warburg (vgl. das Warburg Institut in Hamburg und London). In den Werkstätten werden Möglichkeiten der gestaltenden Fortsetzung aufnehmender Erfahrungen angeboten, besonders in Ton und Holz, wo sehr deutlich das Befühlen in das zugreifende Bearbeiten überleitet. Dabei geht es gerade auch um das Begreifen dieser Zusammenhänge als selbst vollziehbare Vorgänge im Umgang mit dem Material wie den eigenen Vermögen.

Übungen im weiteren Sinne schließen auch die Werkstätten mit ein. Sie sollen aber auch Erfahrungen der Phänomene und Wirkungen ohne Geräte, unabhängig von bestimmten Angeboten, wie sie die Stationen schaffen, also am eigenen Leibe allein zugänglich machen. Körpertherapeutische und einige gymnastische Übungen werden hier, selbstverständlich nur unter geschulter und erprobter Anleitung, als Kurs und zum eigenen selbständigen Weiterüben angeboten. Ebenso wichtig sind bestimmte Übungstraditionen, besonders außereuropäischer Herkunft wie Yoga, Aikido, Tai Chi und andere, die bestimmte Erprobungen der Körperfähigkeiten und der auf uns wirkenden Naturgesetze durch Jahrhunderte und Jahrtausende hin immer genauer herausgearbeitet haben. Wie die Stationen des Geländes führen auch sie zu praktischem Wissen über Naturzusammenhänge in uns, uns gegenüber wie beide Seiten verbindend. Die tätig entwickelnde Beschäftigung mit den Fähigkeiten unseres Körpers selbst wird hier aber noch intensiver. Dabei werden auch die Beobachtung von eigenen Schwierigkeiten und die Arbeit an jenen Möglichkeiten verstärkt, die wir als Kinder in der Regel gehabt und erst durch falsche Konditionierungen verlernt haben. Trotzdem bilden Lernen und therapeutische Aspekte auch hier eine Einheit, die für alle zugänglich ist. Zu den Übungen im weiteren Sinne gehören auch vertiefende theoretische Kurse und Diskussionen über Wirkungen, Gesetzlichkeiten und Geschichte der Erfahrungen sowie über die Erinnerungen aus dem Alltag, die sie auslösen, die Umsetzungen in der Alltagsumwelt, die wünschenswert erscheinen. In demselben Gebäude können auch Beratungen für Gruppen, Vor- und Nachbereitungen von Führungen, Ausarbeitungen von Unterrichtseinheiten und anderen Angeboten an Dauerbesucher durchgeführt werden. Außerdem werden Schriften und Bauanleitungen, Modelle und Geräte an Interessierte verkauft, die außerhalb des Feldes daran weiterarbeiten oder sich einfach erfreuen möchten.

Kopf
Hals
Brust
Bauch
Gelenke

Die Leibwirksamkeit von Schallwellen und Medien-Vibration

+ Sie werden nicht nur durch das Gehör wahrgenommen, sondern auch durch die Haut

Zusammenziehende Klänge

Ausdehnende Klänge

Wirkbereiche: das Vegetativum – Kreislauf – Herz – Atmung

erregende und beruhigende Klänge

Hören und Klänge erzeugen

Die Stationen 26 bis 30 sind dem Klang und Schall gwidmet. Damit gehören sie zum Gehörsinn; Klang wird aber als Schallwelle auch unmittelbar auf den ganzen menschlichen Leib übertragen. Er wird dann entweder durch die Tast- bzw. Druckwahrnehmung der Haut aufgenommen oder wirkt in feinsten Schwingungen bis in die Tiefen des Gewebes, ohne daß wir diesen Vorgang selber verfolgen könnten. Er wird uns erst wieder durch seine lösenden oder verspannenden Wirkungen, eine unmerkliche Art der Tiefenmassage könnte man sagen, bewußt. Den Stationen ist auch gemeinsam, daß hier besonders deutlich die Wahrnehmung der Umwelt im Wechselbezug zu unserer Einwirkung auf sie entsteht – wie z.B. beim schwingenden Felsblock, oder den Seilen und Schaukeln. Vor allem haben wir uns auf diese Stationen an den Dendrophonen längs des Weges vorbereitet (vgl. Beschreibung unter Station 4).

Übertragung des handschriftlichen Textes:

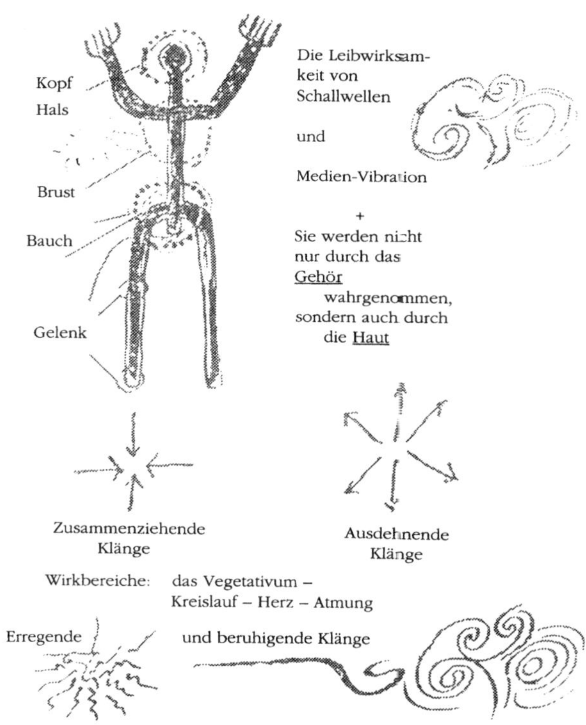

Ost
DAS SUMMLOCH im STEIN
MIT DER SPÜRBAREN VIBRATION IM SCHÄDEL, DIE BEIM SUM= MEN UNTER GLEICHZEITIG DURCH DIE NASE GESCHÖPFTEM ATEM EINTRITT
VERSORGT SICH DAS GEHIRN MIT DER ELEKTRI- SCHEN ENERGIE, DIE DIE LEBENDI GE WIRKUNG DER GESPROCHENEN SPRACHE AUS- MACHT:
INSBESONDERE DER MUTTER- SPRACHE.
N
S
W
W
N
S
O
DIE VIBRATION DES SUMMENS IN EINEM STEIN= LOCH SETZT SICH FORT BIS IN DIE ZEHENSPITZEN.
IN DER „FRÜHZEIT" SUMMTEN DIE MENSCHEN AUS STEINEN HERAUS DEM AUF= UND UNTERGANG DER SONNE ZU.
FRÜHZEIT IST IMMER.

Summstein

Die *Station 26* erinnert mit dem groben behauenen Felsblock an die Markierungen des Sonnenkreises (vgl. Station 22). mit denen sie auch kombiniert werden kann, so daß man den Vorgang von Sonnenauf- und -untergang z.B. durch sein Summen begleiten kann. Dieser Stein ist aber nicht behauen, um wie beim Sonnenstein auf Zusammenhänge zwischen mir, der Erde und dem Firmament hinzuweisen; die eingehauene Höhlung fordert vielmehr dazu auf, mit dem Kopf in eine geschlossene Welt für sich einzutauchen. Ihre Echowirkungen sind derart, daß jeder von uns darin erzeugte Ton vielfach zurückgeworfen und verstärkt wird. Besonders gut werden die steten Schwingungen eines Summens aufgenommen; sie treffen so intensiv wieder auf unseren ganzen Kopf, selbstverständlich auch die Trommelfelle, auf, daß die Schwingungen sich spürbar oder fast spürbar durch den ganzen Körper noch bis in die Beine hinein fortsetzen können. Manche haben ein Angstgefühl, als würde der Kopf, wenn er den übrigen Körper nicht mehr sehen kann, von Rumpf und Gliedern abgetrennt werden können. Wenn man aber diese einseitige Konditionierung auf Sicherheit durch Sehen überwinden kann, wird man das Gegenteil erfahren:

Die innere Massage durch die Schwingungen, die im Kopf erzeugt und über ihn wieder aufgenommen werden, stellen eine ungewohnt intensive Verbindung des ganzen Leibes von innen her dar. Solche Höhlen wurden in verschiedenen alten Kulturen für die Erhaltung der Gesundheit, für Heilung und wohl auch in meditativem Zusammenhang benutzt. Wiederentdeckt wurden sie in vorchristlichen Katakomben auf der Mittelmeerinsel Malta. In der Bretagne wurden einige in Kirchen des bretonischen Heiligen St. Cado in verkümmerter Form bis heute erhalten, wo man sie mit der Heilfähigkeit dieses Heiligen für Schwerhörige verbunden findet.

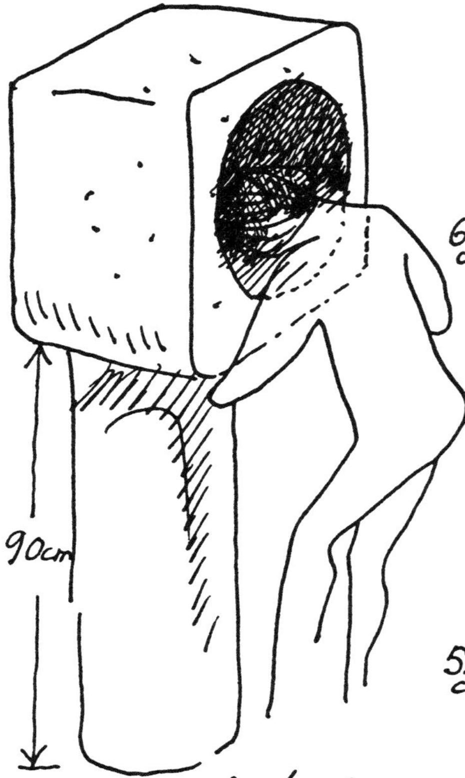

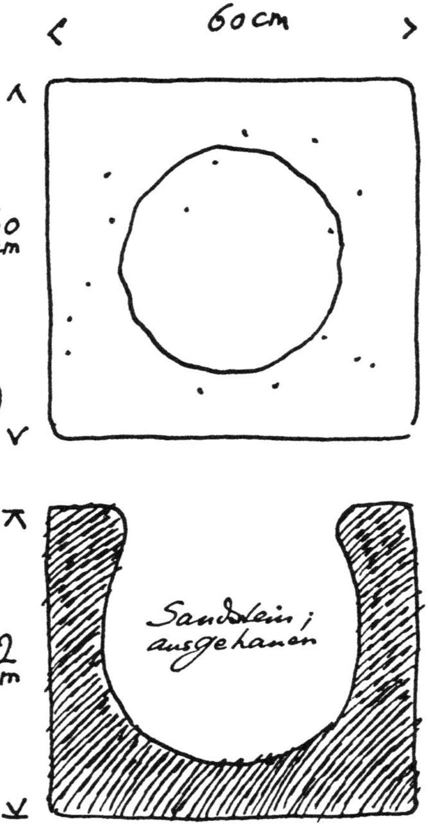

60 cm

90cm

60 cm

52 cm

Sandstein; ausgehauen

Das Summloch oder der Summstein

Man steckt den Kopf in das Steinloch und summt oder lallt. Man modeliert Lautstärke und Höhe des Stimmtons in der Weise, daß die dadurch zuerst in den Hohlräumen des Schädels entstehende Vibration den ganzen Körper „bis in die Zehenspitzen" ergreift. Dabei steigert sich der Stimmklang bis zum Dröhnen einer Orgelpfeife. Der Summton ist nach tiefem Atemholen solange zu halten, bis alle Luft ausgeatmet ist. Man badet in der eigenen Stimme: mit dem sich einstellenden Gefühl von Freiheit. Womit der sonst so abstrakte und vieldeutige Begriff „Freiheit" plötzlich eindeutig und konkret wird.

Übertragung des handschriftlichen Textes:

Sandstein;
ausgehauen

Das Summloch oder
der Summstein
Man steckt den Kopf in das Steinloch und summt oder lallt. Man moduliert Lautstärke und Höhe des Stimmtons in der Weise, daß die dadurch zuerst in den Hohlräumen des Schädels entstehende Vibration den ganzen Körper „bis an die Zehenspitzen“ ergreift. Dabei steigert sich der Stimmklang bis zum Dröhnen einer Orgelpfeife. Der Summton ist nach tiefem Atemholen solange zu halten, bis alle Luft ausgeatmet ist. Man badet in der eigenen Stimme: mit dem sich einstellenden Gefühl von Freiheit. Womit der sonst so abstrakte und vieldeutige Begriff „Freiheit“ plötzlich eindeutig und konkret wird. ~

Klingende Steine

Die Steine
(Findlinge, sonstige
harte Bruchsteine)
sind federnd aufgelagert.
Sie werden mit
einem Faust-Stein rhythmisch
im Wechsel angeschlagen.

Klingende Steine

Die *Station 27* gruppiert mehrere teilweise behauene Steine, die man durch Anschlagen mit einem Fauststein zum Tönen bringt. Die Findlinge oder anderweitig in dieser Form vorgefundenen Bruchsteine sind aus hartem Material ohne innere Risse.

Sie werden federnd gelagert, so daß die Schwingungen auch von außen her nicht beeinträchtigt werden. Wieder ist es wichtig, im Anschlagen Rhythmen zu entwickeln. Diese teilen sich im Klingen dem Ohr mit und leiten die anschlagenden Hände.

Solche klingenden Steine findet man in alten Kulturen, z.B. wieder in einigen bretonischen Kirchen, wo sie zweifellos wie die Klanghöhlen des St. Cado aus vorchristlicher Zeit überleben. Vermutlich haben mehr Steine aus kultischen Zusammenhängen auch eine klingende Funktion gehabt, als uns heute bewußt ist.

Übertragung des handschriftlichen Textes:

Klingende Steine

Die Steine
(Findlinge, sonstige
harte Bruchsteine)
sind federnd aufgelagert.
Sie werden mit
einem Faust=Stein rhythmisch
im Wechsel angeschlagen.

Übertragung des handschriftlichen Textes der nachfolgenden Seite:

Sonnen-
linse
mit
Sonnenuhr
(k)cardanisch
beweglich

Stein-
säule

Schwenk= und
drehbares Glasprisma

5 große Gongs
in der Halle

Stein-
Säule
schwenk- u.
drehbares Glasprisma
70
3,35
93
2,70
70
Sonnen-
Linse
mit Sonnenuhr
cardanisch
beweglich
5 große Gongs
in der Halle

Halle des Klangs

Die *Station 28* gibt einigen weiteren Situationen überdachten Raum; die Gewölbe eigenen sich dafür besonders gut. Schon das einfache Klatschen der Hände aufeinander erzeugt ein eindrucksvolles Echo, ebenso der Klang der gewöhnlichen Stimme. Wir spüren in einem ungewohnten Raum, was wir unbewußt immer tun: Wir stellen uns die Größe und die Beschaffenheit eines Raumes keineswegs nur nach dem optischen Eindruck vor, sondern erproben sie durch die je besondere Art, wie uns unsere eigene Stimme und andere bekannte Klänge aus ihm ans Ohr zurückkommen. Die überstarke Fixierung auf das Sehen läßt uns vergessen, daß auch wir Menschen mit einer Art von Echolot arbeiten. In Höhlen rufen wir zu diesem Zwecke hinein. Das Echo unseres Gesangs gibt uns auch in einem dunklen Tunnel ein Stück unserer Sicherheit zurück.

Manchmal bedürfen wir des weitgehenden oder völligen Entzuges allzu gewohnter Wahrnehmungen, um uns ihrer Bedeutung und Funktion bewußt zu werden. Deshalb steht hier ein weitgehend schallgedämpfter Gang zur Verfügung, an dessen Ende sich eine sogar schalltote Kabine befindet. Teils wird die eigene Stimme fremd, die Stimmung unwillkürlich, teils ist uns die Stimme versagt wie dem Postillion, dem sein Blasen im Horn einfriert. »Was man hört, ist nicht etwa das Schallwellen erzeugende Klatschen oder Sprechen selbst; wir ›hören‹ die Luftdruckwellen, die von Körpern im Raum zurückgeworfen werden. Das hört sich übrigens von dem jeweiligen Standpunkt aus anders an.« *(H.K.)* Wenn das Hören aufhört, verlieren wir eine wichtige Orientierung; wir verlieren aber überhaupt eine wichtige Art von Wirkungen, die von uns ausgehen. Wir werden verunsichert wie der »Mann ohne Schatten«.

Um so wirksamer erleben wir danach die Klänge, die wir z.B. durch Anschlagen hölzerner Hohlkörper erzeugen können. Dabei wird besonders deutlich, daß die jeweilige Menge von Luft, die in den Hohlkörpern den Anstoß des Anschlages in Schwingungen umsetzt, die Höhe bzw. die Tiefe des Tones bestimmt. Die Reihe von Hohlkörpern erlaubt, eine Reihe von Grundtönen laut werden zu lassen, vom tiefsten Ton des größten bis zum höchsten Ton des kleinsten Rohres. Das Holz gibt eine weichere Stimmung des Schwingen und Tönens, als dies z.B. bei Metallrohren der Fall wäre. Auch Orgelpfeifen können aus Holz sein, wie z.B. bei den kleinen tragbaren Orgeln des späten Mittelalters; der Unterschied besteht nur im Anschlagen oder Anblasen.

In der Halle des Klangs befindet sich noch ein sogenannter Monochord, d.h. nur eine Saite ist über einen Klangkörper gespannt. Wir zupfen sie an, und es erklingt ein bestimmter Ton, der je nach Länge der Saite verschieden bestimmt werden kann. Wie beim Dendrophon die Töne je nach der Masse des Balkens, bei den Holzrohren je nach der Menge der Luft im Hohlraum, so sind sie hier höher oder tiefer je nach dem, wie lang die Saite ist. Wenn wir nun die freie Schwingung der Saite an irgendeinem Punkt unterbrechen, z.B. indem wir sie mit einem Finger gegen den Klangkörper drücken und die so verkürzte Saite wieder anzupfen, so erklingt ein höherer Ton. Besonders beachtenswert sind dabei die Längen- oder Teilungsverhältnisse im Vergleich zu den Tönen, die mit ihnen verbunden sind. Die halbe Länge wiederholt den Grundton um eine ganze Oktave erhöht.

Die Anzahl der Schwingungen dieser Saitenhälfte beträgt das Doppelte der Schwingungszahl des Tons der ganzen Saite: sie ist dessen Oktave. »Wenn man eine Saite im Grundton erklingen läßt, hört man, wie dieser Ton begleitet ist von einem Ton der gleichen Höhe wie etwa bei der Stegstelle 2. Er heißt Ober- oder Teilton. Jeder Ton setzt sich – bis zu einer gewissen Grenze hörbar – zusammen aus solchen Teiltönen, die in der Höhe sowohl ober- wie unterhalb des Grundtons liegen. Die »Klangfarbe« eines Tons wird gebildet vom Grundton im Verein mit den Teiltönen, die er erzeugt. Die Instrumente unterscheiden sich durch ihre solcherart entstehenden Klangfarben. Wenn die Stege auf den Saitenlängen $^1/_2$ oder $^1/_3$ der ganzen Saitenlänge stehen, markiert durch die Zahlen 2 und 3, welche das entsprechende Vielfache der Grundschwingung bezeichnen, so ertönt eine Quinte; bei 3 und 4 eine Quarte; bei 3 und 5 eine kl. Terz.

Das Räumliche und Zeitliche der Töne verhält sich in Gegengröße (»reziprok«) zueinander: $^1/_2$, $^1/_3$, $^1/_4$ ... im Raum (gleichsam Saitenlänge) ist $^2/_1$, $^3/_1$, $^4/_1$ ... in der Zeit (gleich Schwingungszahl). Auf der Wand hinter dem Monochord befindet sich das Bild einer Passionsblume. Sie hat fünf Blütenblätter und einen dreigeteilten Stempel. Da ist das Zahlenverhältnis der kl. Terz. Zupfe durch Stegeinstellung die kl. Terz und du hast das ›Hörbild‹ der Passionsblume.« *(H.K.)*

Wir können uns bestimmte mathematische Verhältnisse auf diese Weise zu Gehör bringen und gleichzeitig, wie in der Geometrie, als Proportionen von Strecken sehen. Mit den Tonverhältnissen – den Akkorden –, die wir als harmonisch empfinden, gehen auch als harmonisch empfundene Proportionen für das Auge einher, z.B. bei der Aufteilung von Fassaden, in den Proportionen von Fenstern usw. Die Auswahl als harmonisch empfundener Proportionen oder Tonverhältnisse ist in verschiedenen Kulturen anders. Trotzdem demonstrierte bereits der antike griechische Philosoph und Mathematiker Pythagoras auf dem Monochord grundlegende Proportionen, die er in dem Aufbau des ganzen Weltalls sich wiederholen sah. Er lehrte – und zwar nach damals schon alten, z.T. aus Ägypten kommenden Lehren –, daß über der Erde in bestimmten Abständen zur Erdoberfläche sich jeweils bestimmte Sterne bewegen, denen ein entsprechender Ton zugeordnet ist; nach dieser Vorstellung ist die Welt als zugleich astronomische, mathematische und musikalische Harmonie geordnet. Die Wiederaufnahmen dieser Vorstellung in verschiedenen Systemen der Neuzeit bzw. ihre Veränderungen können nur in speziellen Kursen vermittelt werden.

Gongs

Die *Station 29* erlaubt, diese Klangerfahrungen fortzusetzen. Wieder müssen wir uns, beim Anschlagen, vom Ertönen des ersten Klanges, den wir ganz behutsam hervorbringen, in Rhythmus und Stärke leiten lassen. Nach der ersten Berührung mit dem Filzkopf des Stockes setzt eine leichte, langsam ansteigende Schwingung durch das Metall ein. Ihr Höhepunkt ist wie ein kleiner Wellenberg; wir müssen einem ihm entsprechenden Wellental Raum geben, indem wir mit dem nächsten Schlag warten. Jetzt noch unhörbar, bei den späteren kraftvollen Anschlägen aber mit großer Stärke, steigern sich die Schwingungen im Metall nach der Pause noch einmal – oder sogar mehrmals – zu einem neuen Wellenberg. Diesen muß der nächste Anschlag behutsam verstärken usw. Das Vorgehen ist ähnlich wie beim schwingenden Felsblock oder wie bei den schwingenden Seilen (vgl. Station 10). Das Anschlagen muß ebenso in Rhythmen vollzogen werden, die dem Material und der Form und Größe des Gongs entsprechen, wie die Schläge, mit denen er während seiner Entstehung getrieben wird. Die Gongs geben darüber hinaus deutlicher als irgendein anderes Instrument – außer vielleicht den Glocken – zu spüren, daß wir die von ihnen ausgehenden Schwingungen der Luft nicht nur über das Trommelfell und den Gehörgang mit seinen Gehörknöchelchen wahrnehmen, sondern auch unmittelbar auf der Haut und in der Tiefe des Körpers. Dazu bringen wir einen Gong in starke Schwingungen und treten dann in einem gewissen Abstand vor ihn. Wir können auch die Schwingungen auf unseren liegenden Körper treffen lassen, während ein anderer den Gong anschlägt. Entblößen der Haut verstärkt die Wirkung, die eine Art von feinster Tiefenmassage bewirkt, wie die Echoschwingungen unseres Summens in der Steinhöhle (vgl. Station 26). Verschiedene Gongs wirken in verschiedener Weise auf uns ein. Sowohl die Bereiche des Körpers wechseln vom Leib oder Brustraum bis zum Kopf, wie auch die bewirkten Empfindungen, die von Weitung zu Verengung, von Öffnung zu Verschließung wechseln können. Deshalb sind die Anleitungen für den Umgang mit den Gongs besonders wichtig, vor allem in therapeutischer Absicht.

In Cappenberg sind Gongs auch draußen aufgehängt. So kann ihr Klang sich schon mit dem Erleben der anderen Stationen verbinden, auch antworten auf die Töne der zur Halle des Klangs hinführenden Dendrophone: Weite. Wir kennen Gongs dieser Harmonie und Präzision besonders aus Asien. In Tibet wie auf den hinterindischen Inseln werden sie in Tempeln gegossen, geformt und benutzt. Ähnliche Instrumente aus klingenden Metallscheiben sind in vielen Kulturen bekannt. Im modernen Europa werden sie aus Asien eingeführt und werden inzwischen auch hier hergestellt, meist allerdings industriell, d.h. ohne die besonderen Eigenschaften des sich aus sich selbst rhythmisierenden Schwingens.

Übertragung des handschriftlichen Textes der nächsten Seite:

Den Raum hören

Es hat eine ähnliche Wirkung wie das Echohören.

Die physikalische »Klanganalyse« ist ein Verfahren zur Bestimmung der Obertöne eines Klangs nach Zahl, Art und Stärke.

Auf dem Helmholtzschen (1821-1894) Resonator (Metallkugeln mit zwei Öffnungen) beruht das einfachste Verfahren.

Als Kinder horchten wir an einer Muschel. Je nach dem Umfang ihres Hohlraums werden aus dem geräuscherfüllten Raum die tiefen und hohen Töne herausgefiltert.

Aufgehängte <u>Papprohre</u> (1-2 m Länge, 5-20cm Ø) eignen sich vorzüglich für ein raumerlebendes Hören.

Mit diesem Erlebnis befreit sich der Hörende von Enge = Empfindungen und Beklemmungen

Den Raum hören

Es hat eine ähnliche Wirkung wie das Echohören.

Die physikalische „Klanganalyse" ist ein Verfahren zur Bestimmung der Obertöne eines Klangs nach Zahl und Art und Stärke.

Auf dem Helmholtz'schen (1821-1894) Resonator (Metallkugeln mit zwei Öffnungen) beruht das einfachste Verfahren.

Papprohre

Als Kinder horchten wir an einer Muschel. Je nach dem Umfang ihres Hohlraums werden aus dem geräuscherfüllten Raum die tiefen und hohen Töne heraus=gefiltert.

hell und hoch

dunkel und tief

Aufgehängte Papprohre (1-2 mtr Länge 5-20 cm Ø) eignen sich vor=züglich für ein räumlicherlebendes Hören.

Mit diesem Erlebnis befreit sich der Hörende von Enge=Empfindungen und Beklemmungen.

Resonatoren

Die *Station 30* bietet wiederum mehrere gleichartige Erlebnisse zum Vergleich an, indem sie zu bewußten Erfahrungen reifen. Rohre verschiedener Länge und verschiedenen Durchmessers – wie Volumens – fangen Schallwellen der Umgebung ein und erlauben dem Ohr, sich ganz darauf zu konzentrieren; jedes Rohr fängt aber, seinem Rauminhalt (Volumen) entsprechend, andere Schwingungsbereiche (Frequenzen) ein, so daß im einen höhere und im anderen tiefere Tonbereiche zu hören sind. Die Rohre sind beweglich angebracht, damit man sie auf verschiedene Teile des Raumes richten kann. So entsteht eine Erfahrung von der Vielschichtigkeit, sowohl der Tonhöhenbereiche wie ihrer Verteilung im Raum, also auch von der Klanggestalt des Raumes.
Dies Gerät wurde in letzter Zeit entwickelt und hat einen ebenso experimentellen wie sensibilisierenden Charakter. Die Verstärkung von Schall durch Rohre ist freilich aus den verschiedensten Zusammenhängen im Alltagsgebrauch bekannt.

Betrachtung der Phänomene

Alle Stationen stellen in ihrer Weise Phänomene dar, auch im Sinne von physikalischen Phänomenen, in denen naturgesetzliche Wirkungen »zur Erscheinung« kommen. Das besondere Interesse von Hugo Kükelhaus ist aber darauf gerichtet, solche Erscheinungen als tätige Situationen erfahrbar zu machen, wie sie bis zu dieser Station als Betrachten und eigene Bewegung der Betrachter vorherrschend miteinander verbunden waren. In diesem letzten Bereich sollen das Betrachten, das Anschauen die wesentliche Wahrnehmungsweise sein. Auch beim Anschauen entfalten sich in unserem Inneren mitvollziehende Bewegungen.

Am Beispiel der Pendel wurde das besonders deutlich, während es bei den Sehwahrnehmungen an einer Tafel mit leicht rieselndem Sand, der sich langsam in Schichtungen lagert und bei erneutem Umdrehen in neue Bewegung gerät, weniger spürbar sein dürfte. Nur um solche Grade unterscheiden sich die Erfahrungen der »Phänomenbetrachtung« von anderen.

Dazu gehört, daß unser Einwirken in den meisten Fällen auf den Handgriff beschränkt ist, mit dem man ein Papprohr auf einen Stern richtet oder eine Scheibe mit Spiralmustern in Drehung versetzt. Auch das geschah schon, zum Beispiel beim Dreizeitenpendel, das auch nur mit einem Seil in Schwung gesetzt wird, wenn auch in sehr großem Maßstab.

Beim Balancieren auf den Scheiben oder beim Schaukeln ist die eigene Tätigkeit und die Veränderung auch unserer ganzen körperlichen Befindlichkeit entschiedener. Freilich mögen auch die inneren Reaktionen bei Hinsehen auf die sich drehende Scheibe mit ihrer scheinbar sich weitenden und verengenden Musterung ähnlich stark auf uns wirken.

Im ganzen haben die Phänomene, die in dem geplanten *Oktogon* und in dem *Turm* sich darbieten oder im Betrachten entstehen, mehr Ähnlichkeit als das übrige Erfahrungsfeld mit naturwissenschaftlichen Sammlungen oder mit jenen sogenannten Raritätenkabinetten, in denen in Europa besonders seit dem achtzehnten Jahrhundert von Embryonen über Mineralien bis zu seltenen Knochenfunden die Vielfalt der Naturerscheinungen für interessierte Betrachter angesammelt wurden. In durchaus ähnlicher Weise bewahrte Goethe ein Prisma, eine Schusterkugel, eine trübe, sich zwischen Schatten und Licht färbende Flüssigkeit auf, um immer wieder an ihnen seine Beobachtungen zu machen und zu überprüfen. Damit ist auch angedeutet, daß gerade hier viel zu entdecken und zu wissen ist, daß aber auch viel nachgeahmt und in der eigenen häuslichen Umgebung wiederholt betrachtet werden kann. Von Goethes oder Helmholtz' naturwissenschaftlicher Arbeitsweise sind hier noch anschauliche Verbindugen zu den Interessen einer »Jugend, die forscht« sichtbar. Freilich handelt es sich hier auch nur um solche Phänomene, die den menschlichen Sinnen sich darbieten, beziehungsweise von den menschlichen Organen wahrnehmend mit hergestellt werden, wie etwa das silbrige Leuchten in der Verbindung eines schwarzes Bildes vor dem einen, mit einem weißen Bild vor dem anderen Auge.

Die Stationen 31 und 32, ein wesentlicher Anteil an den »Phänomenen« im Turm (Station 33) und das geplante »Oktogon« – mit seinen wandernden Schatten und seinem wandernden Licht – sind der Hauptbereich der Sehwahrnehmungen.

WÄR'
NICHT DAS
AUGE SONNEN=
HAFT — NIE KÖNNT
DIE SONNE ES
ERBLICKEN.
GOETHE
DURCH EIN GLASPRISMA
ANGESCHAUT, OFFEN
BART DAS LICHT IM
REIGEN DER FARBEN
DIE BEWEGTE VIEL=
FALT SEINER NATUR.
DEREN ORDNUNG
ERSCHEINT ALS EIN
SPEKTRUM, DAS
VOM WARMEN
UND NAHEM ROT
BIS ZUM
KALTEN UND
FERNEN
BLAU AUSGESPANNT
IST.
DAS GLEICHE
SPEKTRUM ERSCHEINT
IM ERREGTEN AUGEN=
INNEREN BEI
GESCHLOSSENEN LIDERN
IM DUNKLEN.

Schwenkbares Prisma

Die *Station 31* macht die Farbigkeit allen natürlichen Lichtes sichtbar. In dem großen Prisma werden die auftretenden Sonnenstrahlen bzw. Strahlen des Sonnenlichtes als Spektrum gebrochen. Wie beim Regenbogen bricht sich das Licht an dem Wasser, mit dem der Dreiecksbehälter aus Glas gefüllt ist. Die Skala der sichtbaren Farben von Violett bis Rot geht an den Rändern in die für uns unsichtbaren ultra-violetten bzw. ultra-roten Strahlungen über. Diesen Farben in ihrer vollen Leuchtkraft wiederzubegegnen, ist ein großes Erlebnis; das andere beruht darauf, daß uns erneut bewußt wird, aber eben ein-leuchtend mit dem ganzen Spektrum, wie das Tageslicht in sich immer farbig ist. Nicht erst die Maler haben den »farbigen Schatten« erfunden, Halbschatten läßt durch Abblenden bestimmter Anteile der Strahlung Farben hervortreten.

Das Phänomen begegnet vielfach in der Natur durch Brechung von Licht in Wasser. Mit der Erfindung des Glases sind ungezählte weitere Anlässe hinzugekommen. Wissenschaftlich wird es das Prisma, das in besonderen Winkeln geschliffen oder gebaut wird.

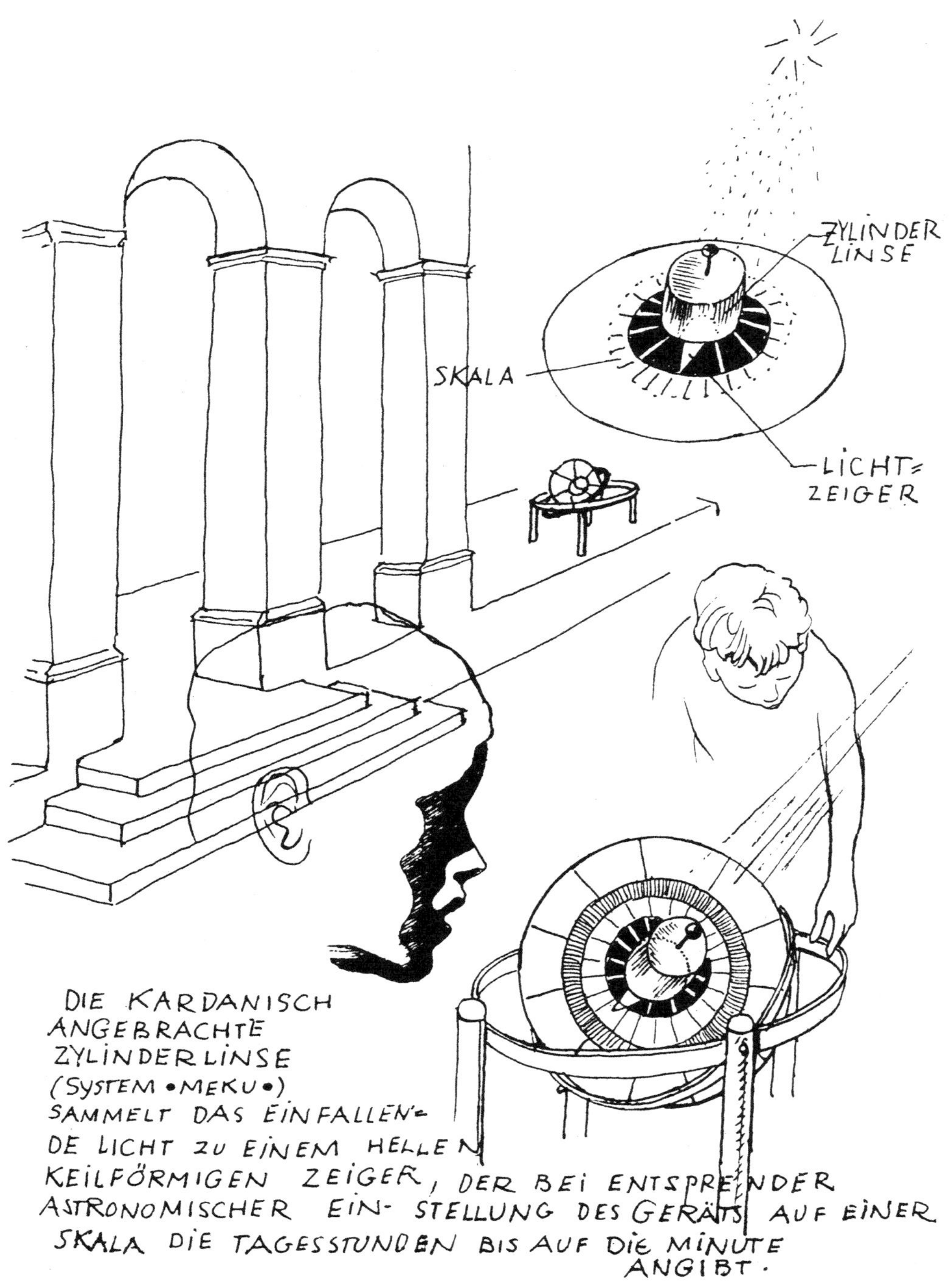
ZYLINDER
LINSE
SKALA
LICHT=
ZEIGER
DIE KARDANISCH
ANGEBRACHTE
ZYLINDERLINSE
(SYSTEM •MEKU•)
SAMMELT DAS EINFALLEN=
DE LICHT ZU EINEM HELLEN
KEILFÖRMIGEN ZEIGER, DER BEI ENTSPRENDER
ASTRONOMISCHER EIN- STELLUNG DES GERÄTS AUF EINER
SKALA DIE TAGESSTUNDEN BIS AUF DIE MINUTE
ANGIBT.

Kardanisch aufgehängtes Brennglas

Die *Station 32* erlaubt, mit einer anderen Eigenschaft des Sonnenlichtes bewußter umzugehen. Die Sonnenstrahlen sind nicht nur Licht, sondern setzen sich, sobald ihnen Widerstand, Undurchlässigkeit entgegentritt, in Wärme um. Diesen Vorgang empfinden wir täglich auf der Haut und beobachten ihn um uns, wenn z.B. Wasser in der Sonne verdampft.

Das Brennglas lenkt indessen durch seine Krümmung viele, durch es hindurchgehende Strahlen in einen Punkt um, so daß in ihm eine sehr große Strahlungsintensität entsteht. Beim Auftreffen auf eine reflektierende Oberfläche kommt eine sehr starke Helligkeit zustande; je rauher und dunkler ein Material ist, desto weniger Strahlung wird reflektiert und desto mehr in Hitze umgesetzt. Selbst weißes Papier beginnt dabei leicht zu brennen.

Als Kind hat das eigentlich jeder mit einer Lupe ausprobiert. In der Natur können Wassertropfen Brennglaswirkung ausüben. Das kardanisch aufgehängte große Brennglas hier hat aufgrund seiner Größe besondere Kraft und läßt sich trotzdem nach dem Sonnenstand verstellen.

Der Turm des wahren Scheins

Die *Station 33,* der »Turm des wahren Scheins«, beherbergt die meisten kleinen Stationen, die unter Dach untergebracht werden müssen. Diese »Phänomene«, wie Hugo Kükelhaus in Anlehnung an den Physiker Wagenschein sagt, bedürfen auch weniger einer naturhaften Umgebung und haben stärker experimentellen Charakter, obwohl selbstverständlich auch hier das vor unseren Augen sich vollziehende Geschehen – z.B. die sich zu einem silbrigen Leuchten ergänzenden Felder Schwarz und Weiß – durch unsere Wahrnehmung mit bewirkt wird und in unserem ganzen Organismus fortwirkt.

Der ehemalige Wasserturm wird dafür genutzt. Der Begriff vom »wahren Schein« stammt aus der Sprache Goethes und Kants: Naturvorgänge »erscheinen« uns anders, als sie, wenn man das so sagen könnte, für sich sind; aber auch diese Erscheinung ist wahr, unsere Wahrnehmung wird nicht von einem falschen Schein getrogen. »So bildet sich im Strom eines Flusses gegen einen Brückenpfeiler ein Strudel, der zwar ein wenig wandert und pulst, aber im wesentlichen dieselbe Form beibehält, obwohl doch das Wasser, das den Strudel bildet, immer ein anderes ist. Das strudelnde Wasser erscheint uns immer gleich, ist aber ein anderes. Trotzdem ist es wahr, daß die Form, die wir sehen und damit verallgemeinern, dieselbe ist.« (*H.K.* in »Hören und Sehen in Tätigkeit«.)

Eine eigene Broschüre enthält Texte zu den folgenden Stationen innerhalb des Turmes:

Elastizität und Rückstellkraft, gekoppelte Schwingung, Pulsation, Aus- und Einstülpung, rotierende Spirale, Organisation des Gestaltlosen, Geometrie als Geste, Vibration, Magnetismus, schwingende Medien (Kymatik), Periodizität des Lichtes, Symmetrie: das Kaleidoskop, Strömung, Gleiches zu Gleichem, die Einheit der Gegensätze (Stereoskop), Umkehrung, die Urpflanze, Licht – Nicht-Licht, Licht – Auge – Farbe, Strudel – Wirbel – Spirale, Doppelheit der Einheit, die Halbschatten, die prismatischen Farben, Abendröte – Himmelsblau und weitere.

Anhang

Forschungsansätze und Forschungsfragen

Das Projekt mit dem Versuchsfeld zur Organerfahrung von Hugo Kükelhaus ist in verschiedene Untersuchungszusammenhänge eingebettet, die alle auszuweisen das Ziel der hier vorgelegten Broschüre sprengen würde. Als wesentliche Verbindung zu jenen anderen theoretischen und praktischen Arbeiten sei hier der zentrale Zusammenhang genannt: die Suche nach stärkeren Möglichkeiten zu ganzheitlichen Erfahrungen in verschiedenen Lebensbereichen und nach integrativen und innovativen Formen lernender Lebenstätigkeit.

Dieser Zusammenhang ist in früheren Darstellungen des Verfassers und anderer Mitarbeiter wie in anderen Projekten eingehender behandelt worden. Deshalb sollen hier der Begründungszusammenhang, die Hauptziele der theoretischen und praktischen Arbeit für die Forschung und die angestrebten praktischen Programme noch einmal kurz benannt werden. Es liegt auf der Hand, daß die Forschungsansätze und -fragen weit über das hinausgehen, was mit dem hier vorgestellten Projekt ›Erfahrungsfeld Cappenberg‹ realisierbar wäre – es ist insoweit exemplarisch.

Daher begründet sich auch, daß Einzelfragen und praktische Schritte als Teilprojekte realisiert werden können und müssen – je nach Situation der öffentlichen Förderung bzw. nach den Arbeitsrichtungen der Mitarbeiter.

I. Eine Anthropologie der Gegenwart und ihre Anwendung

Willis W. Harmann, führender Zukunftsforscher in den Vereinigten Staaten (leitendes Mitglied des Stanford Research Institute, Professor für electric engineering in Stanford und früherer Mitbegründer eines Beraterkreises für das Weiße Haus), erklärt den Übergang zu einer »transindustriellen Gesellschaft« mit einer zentralen »Ethik der Selbstverwirklichung durch die Arbeit« und einer »ökologischen Ethik« zu einer Überlebensbedingung der Weltbevölkerung. Eine »lernende und planende Gesellschaft«, in der »eine der wichtigsten Rollen der Bürgerschaft« sei, wie es im Learning Report to the Club of Rome heißt, unterschiedliche Zukunftsvorstellungen für die Entscheidung selber hervorzubringen, bedarf entsprechender Bildungs- und Erfahrungsmöglichkeiten: »Systematische Forschung und Förderung einer Erziehung zum erfüllten inneren Leben«, »einer Periode von Experimenten und der Toleranz«, »der vertieften Verantwortlichkeit im öffentlichen und privaten Sektor«. (Vgl. z.B. An uncomplete Guide to the Future, New York 1976.)

Den Zielen und Vorgehensweisen des humanwissenschaftlichen Forschungsprogramms liegt ein neuartiges Zusammentreffen von gesellschafts- und naturwissenschaftlichen Analysen heute zugrunde. Die Sozialforschung, Medizin, Arbeitswissenschaft u.a. Humanwissenschaften stellen mit Fallstudien, theoretischen Untersuchungen und Statistiken erhebliche Gefährdungen und Schädigungen der Menschen in den hochindustrialisierten Ländern auf den Bereichen der physischen, psychischen und sozialen Gesundheit aufgrund einseitiger Belastungen fest. Die Disziplinen der Humanbiologie zeigen uns aus der Entwicklungsgeschichte der Menschen und den in ihr begründeten Funktionszusammenhängen bestimmte Grund- und Mindestanforderungen an die gesellschaftliche Gestaltung der Lebensbedingungen auf. Unterstützend in die gleiche Richtung weisen vergleichende Anthropologen wie Margaret Mead und Gregory Bateson mit ihren Forderungen für die Kinder, aber auch Lerntheoretiker, die wie Frederic Vester auf die »Vernetzung« von Informationen und Leistungen durch situativ ganzheitliche Verarbeitung drängen.

Entsprechend sollen unter quantitativ messenden, unter gestalthaft darstellenden und unter qualitativen Gesichtspunkten von Sinn (values) theoretische Instrumente entwickelt werden:

- Bestimmte Haupttypen und -tendenzen des Verhaltens – auf dem Hintergrund einer Sozialgeschichte der Haltung und Bewegung – werden herausgearbeitet.
- Grenzwerte, bis zu denen Anpassung der Menschen gefördert werden sollte und von denen an die von den Menschen geschaffene Umwelt ihnen angepaßt werden müßte, werden bestimmt.
- Vorschläge zur Bestimmung objektiver Kriterien für Lebensqualität werden vorgelegt, die hier – im Gegensatz zum gegenwärtigen Gebrauch des Begriffes und in Übereinstimmung mit seiner zentralen Bedeutung – begründet werden können.
- Entsprechende Programme des Lernens, des Ausgleichs, der Entfaltung werden ausgearbeitet, erprobt und zur Verfügung gestellt.

Die Untersuchungen sollen vorwiegend mit Jugendlichen durchgeführt werden, weil eine strategisch hier besonders wichtige Frage ist, während welcher Phasen in der tertiären Sozialisation und unter welchen Bedingungen, mit welchen Langzeitfolgen Lebensentscheidungen getroffen werden. Außerdem können hier verwandte medizinische und Verhaltensuntersuchungen z.B. aus dem Bundesmodellversuch Freizeitsport des Deutschen Sportbundes u.a. fruchtbar gemacht werden.

Aus zwei Gründen sind dennoch punktuelle Vergleichsuntersuchungen auch mit Kindern und Erwachsenen notwendig. Eine Umsetzung der Ergebnisse in Übungsprogrammen usw. ist nur sinnvoll, wenn wesentliche Voraussetzungen für die Realisierung in Arbeit und Alltag angegeben werden. Die Überwindung des »human gap« setzt gerade »lebenslanges Lernen« voraus, wie es das Versuchsfeld auch spezifisch anbietet. (Vgl. S. 67 ff) Ein eigenes zunächst kleines Teilprogramm von großer methodischer Wichtigkeit bilden punktuelle Vergleichsuntersuchungen zu entsprechenden Situationen und Entwicklungen in vorindustriellen bzw. sich industrialisierenden Ländern.

Methoden sind:

- Beobachtung in verschiedenen experimentellen Situationen und vergleichend in Alltags- und Arbeitssituationen als teilnehmende und standardisierte Beobachtung sowie mit Verfahren der body consciousness (z.B. nach Seymour Fisher) und visuellen Analysen (z.B. nach der historischen Verhaltensforschung, vgl. u.a. August Nitschke), Vergleich kognitiver Bewältigung mit Verhaltensfähgkeiten
- Aufgliederung und Zuordnung dieser Beobachtungen nach Altersgruppen, Wohngegend, Arbeits- bzw. Schultypus u.a. besonderen lebensgeschichtlichen Daten aufgrund von Fragebögen, Interviews und Statistiken
- Überprüfung und Vertiefung in experimentellen Situationen bei Werkstatt- und Übungsarbeit
- Standardisierte Erhebungen an Wohn-, Schul-, Arbeits- und anderen wichtigen Alltagsorten
- freies Gespräch

Mittel sind:

- *Geräte* sind die Stationen des Versuchsfeldes sowie Werkstätten (Holz, Ton, Übungen) und eine Bibliothek mit Veröffentlichungen und einer kleinen Spezialsammlung von Anschauungsmaterial und Modellen.
- Neben der Geschäftsstelle mit Material, Telefon, Räumen und Reisekosten gehört zu den *Sachmitteln* das Leihen von Geräten zur visuellen Beobachtung (Video- und Fotokamera) mit Zubehör und Verbrauchsmitteln.
- *Der Personalbereich* erfordert einen Projektleiter und einen wissenschaftlichen Mitarbeiter (BAT II), einen Sachbearbeiter für die Geschäftsstelle und organisatorische Aufgaben (BAT VII), dazu wissenschaftliche Hilfskräfte für beobachtende und pädagogische Tätigkeit und Feldforschung; für Bibliothek und Programmentwicklung mit Dauerbesuchern u.U. einen weiteren wissenschaftlichen Mitarbeiter.

- *Werkaufträge* für punktuelle Vergleichsuntersuchungen, Medieneinsatz u.ä. sowie Gutachten.
- Für die wesentliche Kooperation und den Vergleich mit parallelen Forschungen und Versuchen (z.B. ICIS New York, Schweizer Schul- und Gesundheitsprogramme u.a.m.) entstehen Kosten durch *Symposien* und *Gastveranstaltungen.*

II. Eine ästhetisch-politische Erziehung

Eine Bestimmung des Begriffs faßt die Vorstellungen allgemein zusammen:

ästhetisch im weitesten Sinne des griechischen Wortstammes, der vom sinnlichen Wahrnehmen bis zum Sinn-Bewußtsein reicht;
politisch vom substantiellsten Sinne eines Verhaltens zur Mitwelt in öffentlicher Verantwortung;
Erziehung im Sinne bewußter Entfaltung, die geförderte Selbst-Erziehung erreichen will.

Hartmut von Hentig sagt zu dem Versuchsgelände: »Wie verbindet man sinnliche Wahrnehmung, Körperbewegung und Vorstellungskraft? Hugo Kükelhaus hat Geräte erfunden, die keiner bekannten Sportart, keiner Wissenschaftsdisziplin, keiner etablierten Kunstform dienen, sondern sinnliche, motorische und geistige Impulse auseinander zurückmünden lassen.«

Erfahrungsmomente und Gesetzlichkeiten des normalen Lebens werden exemplarisch und jeweils auf einen Aspekt konzentriert greifbar, im »Ausnahmezustand« sichtbar, lernbar und übertragbar gemacht. Wenn das Projekt an einem Versuchsfeld, wie es nach Hugo Kükelhaus entworfen vorliegt, durchgeführt werden kann, so sind die *Gestaltung dieses Feldes,* die *Annahme oder Kritik durch die Benutzer* sowie die mit diesen *zu erprobenden Führungen, Übungen, Lernprogramme* selber Gegenstand des Projektes.

Alle Vorgänge beziehen sich auf Naturverhalten um uns und in uns, die jeder conditio humana zugrunde liegen, und auf das historische Verhalten der Menschen zu ihnen. Sie sind damit anschaulich und tätig konkret zu erfahren und zu überprüfen. An ihnen wird Wissen und Können entwickelt, das sich insofern jeder Ideologie entzieht, ja, falscher Ideologisierung entgegenwirkt, aber auch realen Konditionierungen der Menschen z.B. in Wahrnehmungsverengungen, die zu Denkhemmungen und Fehlorganisation führen.

Theoretisch und praktisch ist bereits erwiesen, daß diese Angebote sich eignen, der Partialisierung, Kopflastigkeit und Instrumentalisierung im Alltag sowie den aus ihnen folgenden Unterentwicklungen und Schädigungen der menschlichen Organfunktionen (und der mit ihnen verbundenen Verhaltensfähigkeiten) entgegenzuwirken: Einheit von Naturerfahrung und Erfahrung der historischen Lebensbedingungen; von Wissen über Objekte und menschliche Funktionen (Selbsterfahrung) und sozialen Beziehungsfähigkeiten; von Aufnehmen und Wirken in praktischem Umgang und theoretischem Verstehen der Zusammenhänge.

- Es soll geprüft werden, in welcher Form Kindern, Heranwachsenden und Erwachsenen solche Angebote gemacht werden können, bzw. unter welchen Schwerpunkten sie besonders notwendig sind: Veränderungen der Gestalt von Gelände, Stationen und begleitenden Programmen.
- Anregungen und Beratungen sollen von dem Modellgelände für weitere Anlagen ausgehen: Schule und Alltag, Pausenhöfe, Fußgängerzonen, Kunst am Bau, Freizeitparks.
- Dauerbesucherverhältnisse sollen ausgebaut und aus ihren Erfahrungen für Umsetzungen gelernt werden.
- (Wieder-)Vereinigung verschiedener Altersgruppen in gemeinsamem Erfahren, Lernen.

Im »Learning Report to the Club of Rome« (1979) wird festgestellt, daß die Erdbevölkerung die Fragen der Selbsterhaltung, des Friedens der Völker, der Gruppen und der einzelnen Menschen untereinander und mit der Natur produktiv lösen müsse: »Wir müssen den Teufelskreis von wachsender Komplexität und zurückbleibendem Begreifen brechen, solange es noch möglich ist, Einfluß zu nehmen und eine gewisse Kontrolle auszuüben.« »Wir nennen es Human Gap, weil ein Bruch aufreißt zwischen wachsender Komplexität durch menschliches Eingreifen und einer zurückbleibenden Entwicklung unserer Fähigkeiten.« Diese Fähigkeiten müßten aber in der Praxis der Bevölkerung, nicht nur bei einigen Experten, und als neues Vermögen entwickelt werden, »innovatives und integratives Lernen« für »Identifikation, Begreifen und Reformieren von Problemen«, »Lernen in Kontexten«, die konkret überschaubar und abstrakt übertragbar sind. Eine neue »Verbindung von Arbeit und Lernen« und »Kreativität in der Freizeit«.

Wir bieten Situationen an, die durch ihre besondere Bestimmung Ansatzpunkte und Entwicklungshilfen für ein *integratives und innovatives Lernen* geben. Wissen über Naturgesetzlichkeiten und Körperfunktionen, ihr Zusammenspiel und das Begreifen der Zusammenhänge wird durch tätiges Erproben gewonnen. (»Tools play a central role in learning and extend our mental as well as physical power.« Learning Report.) Nachdem die Industrialisierung wesentlich mehr menschliche Arbeitskraft frei gemacht hat von der Subsistenzmühe, kann

Selbsttätigkeit im Goetheschen Sinne heute neu und als »Volkserziehung« praktisch werden. Wichtigste Rolle dabei spielt die Fähigkeit, unseren Körper selbst mit allen seinen Vermögen zum Hegelschen »Werkzeug« zu machen: In solcher »Selbstwerkzeuglichkeit« werden wir aktiv und beobachtend zugleich Teil von Prozessen, die sich in der Natur um uns, in uns selbst und mit anderen Menschen abspielen. Diese komplexen, aber einfachen Prozeßerfahrungen sind die notwendige Grundlage, um auf breiter Basis mit den komplexen Problemen der Industriegesellschaft umgehen zu lernen. Für das pädagogische Programm gilt es, die bekannten Zusammenhänge zwischen den jeweiligen Tätigkeiten und Sinneswahrnehmungen und den ihnen entsprechenden Erkenntnissen, Denkformen, Wissenshintergründen voll zugänglich zu machen. Dazu müssen unterschiedliche Gewichtungen und Lernwege erprobt werden (wann wieviel Information und wieviel Erfahrung? Geben die anthropologischen Grundmodelle in dieser Anordnung die besten Chancen zur Entkonditionierung bestimmter Zivilisationsschwächen und zur Stärkung aktueller Bedürfnisse, Fähigkeiten?).

Lernen ist so auch lebenslang und für alle Generationen sinnvoll, weil mit bekannten und neuen Situationen immer wieder verändert umzugehen ist. (Nicht als Wegwerflernen von Umschulung zu Umschulung.) Innovativ ist solches Lernen gerade auf Grund des Vertrautwerdens mit unabdingbaren Grundformen des Lebens, die zugleich Grund für Integration sind, z.B. auch indem alle Generationen sich gemeinsam angesprochen fühlen. Vergleichendes Wissen über den Umgang mit den Grundformen des Lebens in der Geschichte wird ebenfalls in konkrete Vorstellungen für eine Zukunft übertragen.

Dabei werden entwickelt:

- Ausgehend von den verschiedenen anthropologischen Modellen wie »aufrechter Gang«, »greifende Hand«, »Auge-Hand-Feld« und den menschlichen Organfunktionen werden Lernprogramme erprobt und zur Verfügung gestellt für Schulen aller Typen und die Erwachsenenbildung.
- Es wird erprobt und weitervermittelt, wie man die notwendigen Voraussetzungen möglichst weit selber schaffen kann.
- Mit einem neuen geschichtlichen Verantwortungsbewußtsein gegenüber den Möglichkeiten und den Gefährdungen der Industriegesellschaft und in der wissenschaftlichen Kenntnis physiologisch grundlegender Lebensformen werden noch einmal neu Ansätze der Landschulheimbewegung, der Waldorf-Schulen u.a. überprüft.
- Angebote für Freizeitarbeit, die integrative, innovative, kreative Prozesse auf vitalen Grundbedingungen zu erfahren und zu gestalten erlauben. (Gegenwärtig schon für Jugendliche, aber auch als »Remotivierung« für Arbeitslose –

wenn auch zu psychologisierend – gesucht.) »Selbsttätiges Lernen« ist eine produktive Alternative zu einer Beschäftigungstherapie z.B.

*III. Spiel- und Bewegungserziehung als Gattungsarbeit**

Auf dem Hintergrund der Forschungsorientierung an den Humanwissenschaften und einer Vorstellung von integrativem und innovativem Lernen in Übungen und Erprobungen soll abschließend auf eine Reihe von Forschungsfragen hingewiesen werden, die sich insbesondere mit einer »Freizeitsportforschung« ergeben, die sich zu den hier beschriebenen benachbarten Bereichen verstehen kann.

Die freie körperliche Arbeit in der Freizeit (z.B. im Sport) muß auch in dem Erwerben von mehr Wissen gründen, um über jeweils einmaligen Anreiz hinaus ein zwar ungezwungenes, aber doch systematisch begründetes Durcharbeiten zu ermöglichen. Das bedeutet, das vielfältige Zusammen-, Gegeneinanderwirken verschiedenster Momente unseres Arbeits-, Alltags- und Schullebens begreifbar zu machen, so daß auch der einzelne im Bewußtsein dieser von außen kommenden Wirkungen bzw. Angebote ein Verhalten entwickeln kann. Im Gegensatz zu den einfacheren Ursache-Wirkungs-Ketten, wie sie in den Einzelwissenschaften üblicherweise untersucht werden, handelt es sich also darum, einen ganzen Zusammenhang, also ein System höherer logischer Ordnung gegenwärtig zu machen. Um dies vermitteln zu können, müssen die Zusammenhänge durch eine vergleichende Forschung zunächst einmal der Wissenschaft selber noch besser bekannt werden. Daraus folgen Vergleiche der bereits vorhandenen Forschungsergebnisse auf den Gebieten insbesondere der Ergonomie, der Sportwissenschaften, der Medizin, der Soziologie, der Psychologie, der Humanbiologie u.a. Außerdem werden auch neue empirische Untersuchungen notwendig, die von vornherein auf solche Vergleichbarkeiten angelegt sind. Untersuchungsgegenstände müßten dabei vor allem Bewegungsabläufe als Zeitgestalten und in ihrem vollen geschichtlichen und sozialen Bedeutungszusammenhang sein.

Ergänzend zu einer solchen allgemeinen Phänomenologie, vielleicht gerade auch darauf hinführend, wären folgende Untersuchungen äußerst dienlich:

- Die Geschichte gegenwärtig bekannter oder auch vergessener Spiele wäre zurückzuverfolgen; dabei wäre besonders zu achten auf die jeweiligen Zusammenhänge früherer Formen solcher Spiele mit sozialen Situationen und Bedeu-

* Vgl. zu diesen Begriffen den Aufsatz »Arbeit, Leib und Arbeit am Leib« von R. zur Lippe, in: H. Pezold, Körpertherapien.

tungen für die Persönlichkeitsausbildung bzw. für Fähigkeiten im Umgang mit der Umwelt. Entsprechend wäre zu prüfen und zu erproben, ob bestimmte frühere Formen so oder in neuen Adaptionen für einen Freizeitsport geeigneter wären als bestimmte Spiele in ihrer geltenden Form.

- Statt »Spielmotivation« auf gut Glück mit diesen oder jenen Angeboten anreizen zu wollen, wäre zu untersuchen, wer in dieser, vielleicht auch in anderen Gesellschaften, spielt, wann gespielt wird bzw. Übungen getrieben werden, mit wem und und in welchen Situationen und Zusammenhängen, d.h. auch vor allem mit welcher Funktion für die gesamte Lebensgestaltung gespielt wird, wo sich eben Spiele tatsächlich beobachten lassen. Und dazu gehören internationale vergleichende Untersuchungen, z.B. für volkstümliche Spiele wie das Boule in Frankreich oder neue Aktionen wie »die Stadt in Bewegung« in Holland. Auch eine Erforschung von bestimmten Bewegungsmoden kann wichtige Beiträge zur Trenderforschung liefern, wenn man z.B. an die auffallende Betonung von Balance und Hüftschwung denkt, die seit der Zeit des Hoola-Hoop über Tänze wie Twist bis zu den verschiedenen Surfarten und den Skateboard zu erkennen ist.
- Wenn im Freizeitsport freie körperliche Arbeit nicht ihr Kriterium an quantitativer Leistungsmessung haben soll, sondern im praktischen und auch theoretischen Erwerb von Wissen über den eigenen Körper und seine Funktionsmöglichkeiten ausgebildet werden soll, dann werden in bestimmter Weise auch gezieltere Angebote notwendig. Aus Ergebnissen der oben skizzierten Untersuchungen wären dazu zwei Stränge zu entwickeln. Einerseits Angebote für bestimmte Zielgruppen, die ihrer in besonderer Weise bedürfen; andererseits Angebote, die bestimmten, mehr oder weniger bei allen Bevölkerungsgruppen zu beobachtenden Bedürfnissen gerecht werden.

Literaturhinweise

Maier, H./Keil, A. »Körper«, in: Kreft, D./Mielenz, I. (Hrsg.), »Wörterbuch Soziale Arbeit«, Weinheim/Basel 1980

Maier. H. »Körper« und »Biorhythmen – Naturrhythmen – Soziale Zeit«, in: Grubitzsch, S./Rexilius, G. (Hrsg.), »Handbuch psychologischer Grundbegriffe«, Reinbek 1981

Bildteil *Dritte Sequenz:*

Skizzen von Hugo Kükelhaus zur Einbettung der Erfahrungsfeldstationen in das Gelände

1
2
3
Gelände
Bewegungsspiele
2
1
3
Im Wasser
Kettensteg

1 und 2
auf diesem Gelände
von der Anfahrt aus einsehbar -
Systeme für Bewegungsspiele
Schaukeln, Pendel, Hebelwerke
Balancier, Wippen,
1
2
Kettensteg u. Trittsteine

1 - 2
3
6
Bewegungsspiele
6/7/8/9/
Trittsteine im Wasser
Kettensteg über das Wasser
1
2
Dreizeitenpendel
Doppel-Helix

7/8
5
4
nach 7 und 8
4
Schwingende
Balken
5
Doppel
Helix
8 mtr. hoch

8
9
⑨ Sechs kreisförmig angeordnete Balance-Halbkugeln für Einzelne
⑧ Große 6 mtr. Ø Sechseckige Balancefläche für Gruppen

12

13

12 ◀

Grund-Thema „Schwingungen“ { Auf der Hangwiese unter u. zwischen den Obstbäumen
Partnerschaukel („Gekoppelte Schwingung“)
Normale Schaukeln
Schaukeln mit gekreuzten Schwingungsebenen

13 An Bäumen befestigte Schwingseile u.a.

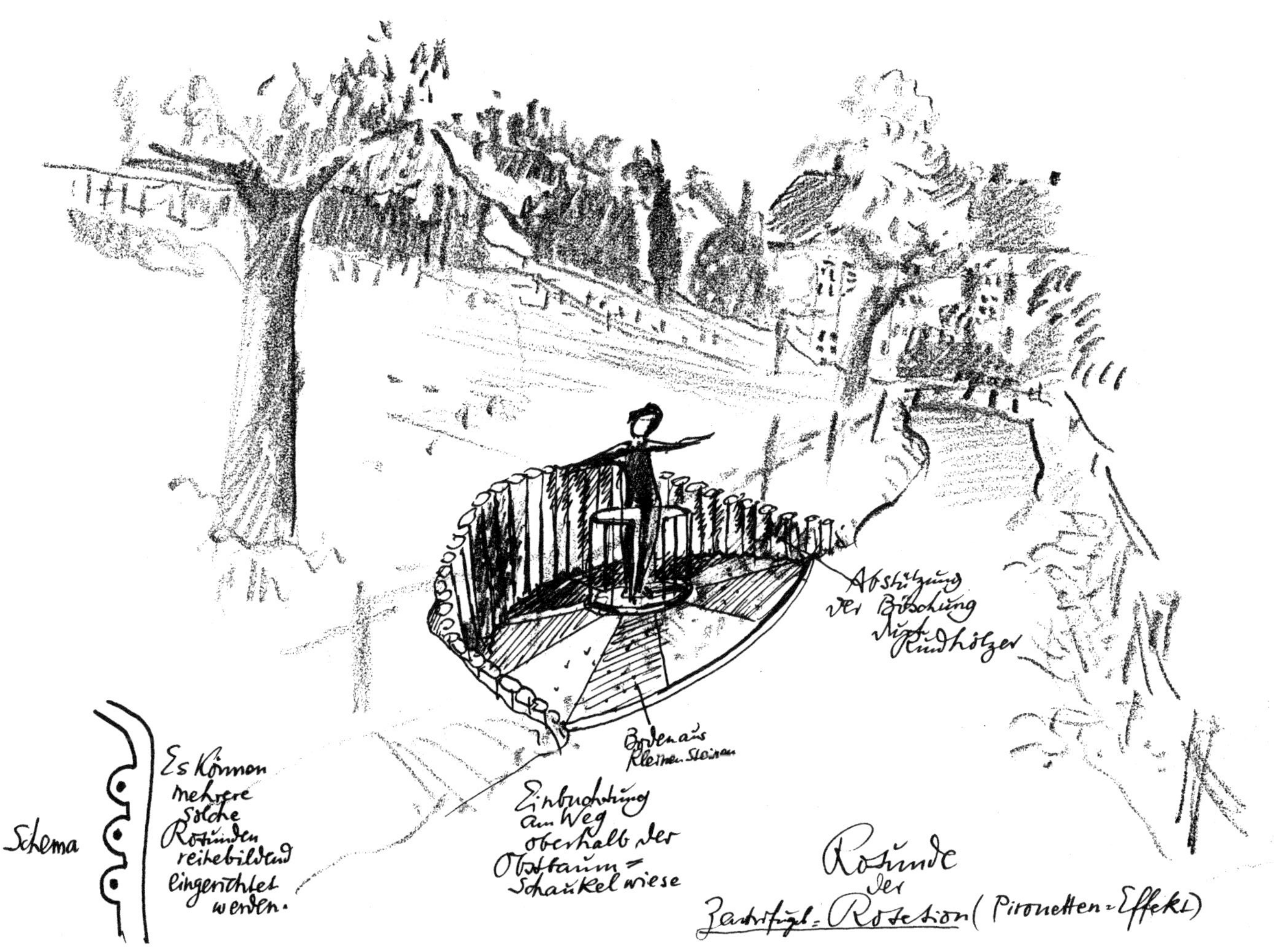
Abstützung der Böschung mit Rundhölzer
Boden aus kleinen Steinen
Einbuchtung am Weg oberhalb der Obstbaum=Schaukelwiese
Rotunde der Zentrifugal=Rotation (Pirouetten=Effekt)
Es können mehrere solche Rotunden reihebildend eingerichtet werden.
Schema

Derzeit erhältliche Publikationen von Rudolf zur Lippe:

Schneider Verlag Hohengehren

Sinnenbewusstsein – Grundlegung einer antropologischen Ästhetik
Band I: Tiefendimensionen des Ästhetischen ISBN 978-3-89676-258-0
Band II: Leben in Übergängen - Transzendenz ISBN 978-3-89676-259-7

oekom verlag

Hans-Peter Dürr, J. Daniel Dahm, Rudolf zur Lippe
Potsdamer Manifest 2005 ISBN 978-3-86581-012-0

Jansen-Verlag . Lüneburg

Tanz als Form des Denkens – Friedrich Nietzsches Denken jenseits von Schluß und Dialektik (Aufsatzsammlung herausgegeben von Gisela Röller in Verbindung mit Rudolf zur Lippe) ISBN 978-3-928954-31-0

Derzeit erhältliche Publikationen von Hugo Kükelhaus:

Verlag Klett und Balmer & Co, CH-Zug

Urzahl und Gebärde ISBN 978-3-264-90200-6
Werde Tischler ISBN 978-3-264-83070-5
Hören und Sehen in Tätigkeit ISBN 978-3-264-90150-4

Verlag Rittersche Buchhandlung Soest

Bildgeschichten vom Träumling ISBN 978-3-9801714-5-8

Verlag Hugo Kükelhaus Gesellschaft, Soest

Organismus und Technik ISBN 978-3-9805003-3-3
Hugo Kükelhaus in der Architektur: Bauen für die Sinne ISBN 978-3-9805003-2-6
Inhuman Architecture (engl. Ausgabe v. 'Unmenschliche Architektur') Buchversand

Verlag Edition Klaus Isele, Eggingen

Organ und Bewusstsein ISBN 978-3-86142-353-9
Gesammelte Rundfunkvorträge ISBN 978-3-86142-392-8

Schloß Freudenberg

Kükelhaus-Doppel-CD Vortrag in der Akademie Remscheid vom 18.10.1977

Erfahrungsfeld zur Entfaltung der Sinne und des Denkens
Schloß Freudenberg
65201 Wiesbaden
0611 – 41 101 41
www.schlossfreudenberg.de

Hugo Kükelhaus

Hugo Kükelhaus Gesellschaft e.V. Soest

Hugo Kükelhaus Gesellschaft e.V. Soest
Nöttenstraße 29 a
59494 Soest
02921 – 33 302
www.hugo-kuekelhaus.de